Urheberrechtsreform
ein Gebot der Gerechtigkeit

B e i t r ä g e v o n

Professor Dr. Dr. **Heinrich Lehmann**, Köln; Professor Dr. Dr. Dr. **Gustav Ermecke**, Paderborn; Professor **Johannes Overath**, Bensberg; Dr. **Willy Richartz**, München

B e r l i n 1954

WALTER DE GRUYTER & CO.

vormals G. J. Göschen'sche Verlagshandlung, J. Guttentag, Verlagsbuchhandlung, Georg Reimer, Karl J. Trübner, Veit & Comp.

Archiv-Nr. 27 05 54

Satz und Druck: Berliner Buchdruckerei Union GmbH., Berlin SW 29

Vorwort

Die Reform des Urheberrechts ist ein Gebot der Gerechtigkeit. In dieser Frage vertreten nachstehend drei Gelehrte unabhängig voneinander ihren Standpunkt. Sie gelangen dabei zu übereinstimmenden Ergebnissen. Diese decken sich mit den Forderungen der Musik-Schöpfer an das neue Urheber-Gesetz.

Mai 1954

Dr. jur. Willy Richartz

Inhalt

Die Neuordnung der Güterwelt nach ihrem wahren Lebenswert

Von

Univers.-Prof. Dr. jur., Dr. rer. pol. h. c.
Heinrich Lehmann, Köln

Das geltende deutsche Privatrecht, das zu einem wesentlichen Teil auf dem im Mittelalter rezipierten römischen Recht beruht, hat die Vermögensinteressen stark vor dem Menschen und vor dem bevorzugt, was dieser in den Vorgang der Gütererzeugung einschließt: seiner Arbeit. Nicht der Mensch stand im Mittelpunkt der Rechtsordnung, sondern das Kapital; das Eigentum an den materiellen Lebensgütern war die Zentralsonne des Rechtssystems.

Erst die wirtschaftlichen und sozialen Umwälzungen, die der erste Weltkrieg zur Folge hatte, brachen ganz allgemein der Erkenntnis Bahn, daß unser bisheriges Privatrecht zu wenig Personenrecht war und dem Vorrang des lebenden Menschen vor den toten Sachgütern nicht genügend Rechnung trug.

Zuerst setzte diese Erkenntnis sich durch zugunsten einer richtigeren Bewertung der Arbeitskraft. Die Weimarer Verfassung versuchte die Arbeit aus ihrer Lage als Stiefkind der Gesetzgebung zu befreien und in ihre Erstgeburtsrechte einzusetzen, indem sie ihr in Artikel 157 WRV den besonderen Schutz des Reiches zusagte.

Damit war der erste Schritt getan, um die bisherige Rangordnung der Rechtsgüterwelt, nach der die Vermögensrechte an erster Stelle standen, zu erschüttern und der menschlichen Arbeitskraft als wichtigstem Produktionsfaktor die ihr zukommende Vorzugsstellung einzuräumen.

Die Entwicklung des Arbeitsrechts lehrte uns, was hier versäumt worden und was noch zu tun war. Sie brach auch die bisherige Zurückhaltung gegenüber der Frage, wie ein lebensgerechter Ausbau der Rechtsgüterwelt erfolgen müsse, um dem vom Christentum und Sozialismus gleichmäßig anerkannten Vorrang der menschlichen Persönlichkeit vor den toten Sachgütern endlich gerecht zu werden.

Die Verfassung der westdeutschen Bundesrepublik hat sich zu Recht gleich in ihrem ersten Artikel dazu bekannt, daß die Würde des Menschen unantastbar sei, und daß ihre Achtung und ihr Schutz die Verpflichtung aller staatlichen Gewalt sei. Artikel 2 sichert jedem das Recht auf freie Entfaltung seiner Persönlichkeit zu. Artikel 1, Absatz 3, bestimmt ferner, daß die Grundrechte, als deren erstes dieses allgemeine Recht der Persönlichkeit auf freie Entfaltung proklamiert wird, die Gesetzgebung, Verwaltung und Rechtsprechung als unmittelbar geltendes Recht binden.

Danach darf die Anerkennung eines allgemeinen Persönlichkeitsrechts auch für das heutige Privatrecht nicht mehr bestritten werden. Die deutsche Rechtswissenschaft hat damit die Aufgabe überkommen, Inhalt und Tragweite dieses Rechts im Rahmen der sozialen Ordnung näher zu entwickeln und die bisherige Abgrenzung des Schutzbereichs der Persönlichkeitssphäre auf ihre Vollständigkeit und Richtigkeit nachzuprüfen.

Wenn die deutsche Rechtsprechung und die überwiegende Rechtslehre der Anerkennung eines allgemeinen Persönlichkeitsrechtes bisher auch ablehnend gegenübergestanden hatten, so hat man doch schon länger eine Reihe besonderer Persönlichkeitsrechte aus der Persönlichkeitssphäre des einzelnen herausgelöst und mit besonderem Rechtsschutz ausgestattet, so namentlich die Urheberpersönlichkeitsrechte.

Damit hat man versucht, die Beziehungen des Urhebers einer geistigen Schöpfung zu seinem Werk, die zuerst unter dem Gesichtspunkt des geistigen Eigentums erfaßt wurden, in einer Weise zu schützen, die ihrem Unterschied vom Sacheigentum Rechnung trug.

Leider hat man dabei aber zum Teil zu weitgehend auf die bisherigen Gewohnheiten des Verkehrs Rücksicht genommen, die sich auf dem Boden der Anschauung von der Vogelfreiheit des geistigen Eigentums ausgebildet hatten. Die dogmatische Abgrenzung der Urheberrechte als Persönlichkeitsrechte von dem Sacheigentum gestattete nicht bloß, ihren Rechtschutz ihrer Eigenart besser anzupassen, sondern ermöglichte auch, diesen Rechtsschutz im Vergleich zu dem des Sacheigentums zu verschlechtern.

Ganz besonders tritt dieser Mißstand bei der Regelung des Urheberrechts an Werken der Tonkunst zutage, das man zum Beispiel in § 27 des Gesetzes vom 9. 6. 1901 durch zahlreiche Ausnahmen verkümmert hat, Ausnahmen, für die man als rechtfertigenden Grund vielfach nichts besseres anzuführen weiß als die Rücksichtnahme auf die bisherigen Gewohnheiten, die sich doch nur auf Grund der Mißachtung des geistigen Eigentums entwickeln konnten.

Daß es nach § 27 LUG für die öffentliche Aufführung eines erschienenen Werkes der Tonkunst der Einwilligung des Berechtigten nicht bedarf, wenn sie keinem gewerblichen Zweck dient und die Hörer ohne Entgelt zugelassen werden, bedeutet praktisch eine entschädigungslose Enteignung des Urhebers, die gegenüber dem für die Enteignung der Sachgüter durch das Grundgesetz allgemein anerkannten Entschädigungsgrundsatz befremden muß.

Um diese Ausnahmen zu rechtfertigen, hat man neben der Berufung auf die bisherigen Gewohnheiten tiefer grabend auf die soziale Bindung des Urheberrechts hingewiesen, als ob nicht auch das Eigentum an Sachgütern ein sozialgebundenes Recht wäre, als ob Artikel 14 Absatz 2 des Bonner Grundgesetzes nicht ausdrücklich erkläre, daß Eigentum verpflichte, daß sein Gebrauch zugleich dem Wohle der Allgemeinheit dienen solle.

Aber bei den sozialen Bindungen des Urheberrechts soll es sich nach dem urheberrechtlichen Schrifttum (vergleiche zum Beispiel Voigtländer-Elster-Kleine, Urheberrecht, 4. Auflage, Seite 4) um Schranken handeln, die ihm nach der sozialen Natur der Rechtsordnung immanent seien. Ist das etwa beim Eigentum an den materiellen Gütern anders?

Das sind alles mehr oder minder formale Begründungen, die aus einem apriorischen Begriffsbild die erwünschten Folgerungen herausholen — Folgerungen, die man nur auf Grund vergleichender Wertung des Rechts an der geistigen Schöpfung und des Rechts an den materiellen Gütern sachlich rechtfertigen kann.

Auch die allgemeine Begründung, daß die soziale Bindung des Urheberrechts zu Schranken anderer Art führe, kann keinen Beweisgrund dafür liefern, daß gerade bei ihm eine entschädigungslose Enteignung in weiterem Umfang zulässig sein müsse.

Ebensowenig vermag die konstruktionelle Erfassung des Urheberrechts als Persönlichkeits- und Immaterialgüterrecht von der Stellung der Frage zu entbinden, warum gerade beim Recht an einer eigentümlichen geistigen Schöpfung, sobald sie durch die Veröffentlichung eine gewisse Objektivation erfahren hat, eine Enteignung im weiteren Umfange als bei dem Eigentum an den Sachgütern zugelassen werden müsse. Gewiß baut der Urheber im besonderen Maße auf dem auf, was andere vor ihm geschaffen haben. Deshalb verlangt das Kulturleben, aus dem der schöpferische Mensch seine Anregungen empfängt, auch sein Geben. Aber warum er deshalb eine eigentümliche Schöpfung, in der seine Persönlichkeit zum Ausdruck kommt, umsonst der Allgemeinheit zur Verfügung stellen soll, ist nicht einzusehen, wenn man beim Eigentum an den materiellen Gütern, das vorwiegend den selbstischen Interessen des Eigentümers dient und heute, nachdem die Güter verteilt sind, nicht mehr ursprünglich erworben wird, eine Enteignung zum Wohl der Allgemeinheit ganz allgemein nur gegen Entschädigung zuläßt.

Scheint nicht gerade der höhere Wert der geistigen Schöpfung für das Leben der Allgemeinheit einer entschädigungslosen Enteignung zum Nachteil des Schöpfers zu widersprechen? Will man sich wirklich zu dem Grundgesetz bekennen, daß, je größer der Wert einer Schöpfung, eines Werkes, für die Allgemeinheit ist, um so eher eine zwangsweise entschädigungslose Enteignung des Schöpfers zulässig sei? Das hieße die holde Kunst, die uns in eine bessere Welt zu entrücken vermag, geradezu bestrafen.

Ich beschränke mich absichtlich auf die Herausstellung dieser Zweifelsfragen, ohne eine Antwort zu geben, um zu zeigen, daß die heutige Regelung des Urheberrechts an Werken der Tonkunst dem Vorrang der geistigen Güter vor den materiellen in keiner Weise entspricht, daß es notwendig ist, die Ausgestaltung des Urheberrechts von einem neuen Standort aus zu betrachten, von dem der Höherwertigkeit der immateriellen, der geistigen Güter über die materiellen. Unter diesem Gesichtspunkt ist einmal die Beziehung der geistigen Schöpfung zu ihrem Urheber zu würdigen, die auch durch die Objektivation nicht verloren gehen darf, und sodann die Beziehung des Urhebers zu seinem Werk als wirtschaftlich verwertbarem Gut, die ebenfalls dem Urheber vorbehalten bleiben muß.

Die Einordnung dieser Beziehungen in die Figur des geistigen Eigentums oder immateriellen Güterrechts vermag als eine rein konstruktionelle Erfassung die Entwicklung immanenter Begrenzungen dieses Rechts im Interesse der Allgemeinheit, die zu einer Schlechterstellung dieses Rechts im Vergleich mit dem Eigentum an den Sachgütern führen würde, nicht zu rechtfertigen. Erkennt man den größeren Wert der geistigen Schöpfung für die Allgemeinheit an, dann verbietet das geradezu eine Schlechterstellung dessen, der durch seine eigentümliche Schöpfung die Allgemeinheit bereichert.

Bei der musikalischen Schöpfung kommt noch das Besondere hinzu, daß sie erst durch die Aufführung lebendig wird. Wenn man das berücksichtigt, erkennt man, welch besonderes Unrecht darin liegt, daß das geltende Recht den Musikschöpfer gerade in der Verwertung seiner Aufführungsrechte beschneidet.

Eine nicht zu rechtfertigende Mißachtung des musikalischen Urheberrechts bedeuten weiter die Bestimmungen der §§ 22, 22a—c LUG über die Zwangslizenzen. Wenn der Urheber eines Werkes der Tonkunst einem anderen gestattet, das Werk zum Zweck der mechanischen Wiedergabe gewerbsmäßig zu vervielfältigen, so kann bekanntlich nach § 22 jeder Dritte, nachdem das Werk erschienen ist, verlangen, daß ihm der Urheber gegen eine angemessene Vergütung gleichfalls eine solche Erlaubnis erteile. Das ist eine Bestimmung, die die Komponisten und deren Textdichter einseitig zugunsten der Industrie entrechtet. Wenn eine Enteignung im Interesse der Gesamtheit erforderlich scheint, kann sie auch nur zugunsten der Allgemeinheit selbst gebilligt werden.

Auch daß die Übertragung der Werknutzungsrechte durch Vertrag für eine einmalige geringe Abfindung den Urheber jeder Beteiligung an den manchmal hohen Nutzungen, die der Verleger zieht, beraubt, muß unser heutiges Empfinden verletzen. Es ist zu prüfen, ob und wie man dem Urheber eine angemessene Beteiligung an der Auswertung des Werkes zusprechen soll, wenn diese dem Erwerber einen im Verhältnis zur Abfindung ganz unverhältnismäßigen Nutzen gebracht hat.

Eine Geringerbewertung des geistigen Eigentums zeigt sich auch in der zeitlichen Beschränkung des Urheberrechts auf 50 Jahre nach dem Tode des Urhebers. Läßt es sich wirklich rechtfertigen, daß ein Werk 50 Jahre nach dem Tode des Urhebers völlig frei wird und dann beliebig umgemodelt werden kann, daß jedermann mit ihm Geschäfte machen kann und nur die Erben des Schöpfers leer ausgehen? Der Einwand, daß geistige Schöpfungen, die über diese Zeitspanne hinaus ihre Bedeutung behalten, in den geistigen Besitz der Allgemeinheit übergegangen sind, vermag — soweit Werke der Tonkunst in Betracht kommen — höchstens für Volkslieder und Schlager zu überzeugen, nicht aber für die sonstige ernste und Unterhaltungsmusik, die immer wieder durch die Aufführung für uns lebendig gemacht werden muß. Die verhältnismäßig wenigen musikalischen Werke, die noch nach dem Ablauf von 50 Jahren seit dem Tode ihres Schöpfers Aufführungen erleben, bleiben für uns immer mit der Persönlichkeit ihres Schöpfers untrennbar verbunden.

Für die zeitliche Begrenzung des Urheberrechts läßt sich anführen, daß die Beziehungen der Erben zum Urheber nach dem Ablauf einer längeren Schutzfrist in der Regel die Nähe verloren haben, die es rechtfertigen würde, ihnen die alleinige Obhut über das für die Allgemeinheit so wichtig gewordene oder gebliebene Werk und den aus seiner Verwertung fließenden Nutzen zu belassen. Die Interessen der Allgemeinheit müßten hier vorgehen.

Selbst wenn man dieser Erwägung beipflichtet, vermag sie aber immer noch keine befriedigende Rechtfertigung dafür zu liefern, daß die Enteignung der Erben ohne jede Entschädigung vorgenommen wird, dies wenigstens, solange wir an dem Entschädigungsgrundsatz zugunsten der enteigneten Sacheigentümer festhalten.

Solange liegt in einer solchen Befristung der Urheberschutzrechte ein Bruch mit dem großen Leitgedanken des Privatrechts, daß, wo die Ausübung von Privatrechten hinter den höheren Interessen der Allgemeinheit zurückstehen muß, dem zur Aufopferung seines Rechts Genötigten grundsätzlich ein angemessener Ausgleich gewährt werden muß; vergl. § 75 der Einleitung zum PrALR. Daß dieser Grundgedanke für die Aufopferung der für die Allgemeinheit wertvollen geistigen Schöpfungen keine Geltung haben soll, entzieht sich jeder Rechtfertigung.

Will man die leiblichen Erben nach Ablauf der Schutzfrist nicht mehr als die berechtigten Nutznießer des Werkes anerkennen, so würde sich als Ausweg die Zuweisung der Nutzungsrechte an die zeitgenössischen Komponisten eröffnen, die man in einem weiteren Sinne als die geistigen Erben der Urheber bezeichnen darf.

Ich halte inne, meine Ausführungen sollen und können im Rahmen eines kurzen Aufsatzes zur Frage der Urheberrechtsreform keine genaue und erschöpfende Antwort geben. Sie wollen nur klarmachen, daß eine solche Reform vonnöten ist und nicht darin bestehen darf, die bestehenden Gesetze zu einzelnen Punkten abzuändern, sondern darin bestehen muß, die Materie des Urheberrechts von einem anderen Standpunkt aus erneut grundsätzlich durchzuprüfen und Gesetze zu schaffen, die dem Vorrang der ideellen Güter vor den materiellen auch wirklich Rechnung tragen.

Dazu nötigt nicht nur das Grundgesetz, sondern auch die Bedeutung der geistigen Schöpfung für den kulturellen Aufstieg unseres Volkes. Einer Kulturnation steht die Minderwertung ideeller Güter schlecht an.

Zum Schutz des geistigen Eigentums

Von

Prof. Dr. theol., Dr. phil., Dr. jur. utr.

Gustav Ermecke, Paderborn

I. Die Bedeutung des Themas für die Sozialethik und für die Reform des Urheberrechts(1)

Der innere Beweggrund für die folgenden Darstellungen war vor allem das Interesse, das die christliche Sozialethik am Schutze des geistigen Eigentums nehmen muß, und das um so mehr, als es von ihr, von wenigen Ausnahmen (vergl. zum Beispiel Cathrein, Moralphilosophie, Band 2, 6. Auflage [1924], Seite 328 ff.) abgesehen, kaum in seiner Besonderheit und in seiner heutigen Problematik genügend gewürdigt wird.

Äußerer Anlaß für die Behandlung des Themas war einmal die in Vorbereitung befindliche Reform des Urheberrechts, die einer grundsätzlichen und nicht bloß interessenpolitischen Orientierung bedarf; sodann die weit verbreitete und vielfältige Verkennung des Rechtes des geistigen Eigentums in der Theorie und in der Praxis, selbst bei solchen, die sonst allen Wert darauf legen, als gerecht Denkende angesehen zu werden. Es gibt Kreise in unserem Volk, die zum Beispiel gern mit Musik ihr Geschäft machen, aber nicht gewillt sind, die schaffenden Künstler, deren geistiges Eigentum sie nutzbringend verwenden, gerecht am wirtschaftlichen Erfolg zu beteiligen. Bei solchen praktischen Verletzungen der

(1) Zu den Darlegungen des Textes über Naturrecht, positives Recht, Staat, staatliches Gesetz, Gemeinwohl, Rechtsgut und Eigentum vergl. Mausbach-Ermecke, Katholische Moraltheologie, Band III[9], Münster, Verlag Aschendorff, 1953. Ebenda auch weitere Literaturangaben.

Gerechtigkeit liegt oft keine Bosheit vor, sondern ein Versagen des positiven Rechts und beim Gesetzgeber und beim Volke eine Nichtachtung dessen, was geistiges Eigentum ist, und was der Urheber als sein Recht beanspruchen kann.(2)

Es ist nicht Aufgabe dieser Darstellung mit dem abzurechnen, was am bisherigen positiven Recht(3) und an der oft ungerechten Praxis im Umgang mit geistigem Eigentum zu kritisieren ist. Ebensowenig kann hier eine Auseinandersetzung mit den verschiedenen juristischen Theorien und Konstruktionen geboten werden, mit denen man versucht hat, den Sachverhalt des geistigen Eigentums rechtsdogmatisch zu erfassen. Eine immanente Kritik an diesen Versuchen und ihres ein-

---

(2) Vergl. H. E. Friedrich, Technik und Rechtssicherheit. Die urheberechtliche Problematik der Tonbandaufnahme, in: Rheinischer Merkur vom 18. 12. 1953 (Nr. 51 Seite 3). — W. Richartz, Schützenfeste und Musikaufführungsrecht, in: GEMA (= Gesellschaft für musikalische Aufführungs- und mechanische Vervielfältigungsrechte)-Nachrichten Nr. 18 (1953).

(3) Zum geltenden Recht vergl. Kurt Runge, Urheber- und Verlagsrecht, Bonn-Hannover-Stuttgart, Verlag Ferd. Dümmler, 1.—3. Lieferung (in 1. Bd.) 1948—1953. — Eugen Ulmer, Urheber- und Verlagsrecht, Berlin-Göttingen-Heidelberg, Springer Verlag, 1951. — Philipp Allfeld, Das Urheberrecht an Werken der Literatur und der Tonkunst, Kommentar. 2. Auflage, München, C. H. Beck'sche Verlagsbuchhandlung, 1928. — Horst Neumann-Duesberg, Das gesprochene Wort im Urheber- und Persönlichkeitsrecht, Münster, Regensbergsche Verlagsbuchhandlung, 1949. — Zur Rechtsreform: Erich Schulze, Urheberrecht in der Musik und die deutsche Urheberrechtsgesellschaft, Berlin, Walter de Gruyter & Co., 1951. — Willy Richartz, die Karlsruher Entscheidung vom 6. 11. 1953 (Sonderdruck der GEMA-Nachrichten Nr. 19, 1953). Nach W. Richartz hat „die von den deutschen musikschaffenden Künstlern verlangte Urheberrechtsreform zwei Hauptziele: 1. Das Recht am geistigen Eigentum darf durch den Gesetzgeber nicht schlechter gestellt werden als das Recht am materiellen Eigentum. 2. Eine Verwertung von Werknutzungsrechten soll ohne laufende und angemessene Beteiligung der Urheber nicht mehr möglich sein".

Zur GEMA vergl. Musik und Dichtung. 50 Jahre deutsche Urheberrechtsgesellschaft, herausgegeben von Werner Egk und Erich Schulze, München 1953.

Zur Diskussion über die GEMA vergl. Deutschen Bundestag (205. Sitzung vom 23. 4. 1952), Seite 8844—8850. Dazu: Erich Schulze, Die GEMA im Bundestag, in: GEMA-Nachrichten Nr. 14 (1952). Zur jüngsten Rechtsprechung (besonders über die „Volksfeste") vergl. Urteil des Landgerichts Berlin vom 5. 3. 1952 und des Amtsgerichts Charlottenburg (Geschäfts-Urkunde 46 C 1212. 52).

seitigen Ausgangs vom positiven Recht und seinen überkommenen Kategorien und Instituten bieten jedoch die folgenden Darlegungen. In ihnen geht es darum, Wesen und Rechte des geistigen Eigentums aus seiner naturrechtlichen Eigenart und Stellung in der Sozial- und Rechtsordnung aufzuzeigen. Erst von diesem festen Boden aus läßt sich eine richtige Rechtskritik und Rechtspolitik aufbauen; vom positiven Recht allein oder vom einseitigen Interessenstandpunkt der vom Gesetz Betroffenen läßt sie sich nicht erreichen.

II. Das christliche Naturrecht als Leitnorm

Unter Recht versteht man die Gesamtheit der Normen, die das äußere Zusammenleben der Menschen in der Gemeinschaft und im Hinblick auf deren Gemeinwohl ordnen.

Unter Naturrecht versteht man die Gesamtheit der Normen, die aus der Natur des Menschen und der Gemeinschaft folgen und deren äußeres Zusammenleben im Hinblick auf das Gemeinwohl regeln. Naturrecht ist also die normative Definition des natürlichen, äußeren Zusammenlebens in der Gemeinschaft und in Hinordnung auf das wahre Gemeinwohl. Es gehören zum Naturrecht alle jene rechtlichen Normen, die sich ergeben 1. aus der Natur des Menschen, 2. aus dem Wesen der aus seiner Sozialnatur sich herleitenden sozialen Gemeinschaft sowie 3. aus der Natur der jeweiligen Gesetzgebungsmaterie und ihrer Beziehung zum Menschen, zur Gemeinschaft und deren Gemeinwohl. Die Naturrechtsnormen sind schon verbindlich, ehe ein positives Gesetz sie in seinen Schutz nimmt oder daraus konkrete Folgerungen für das Gemeinwohl der geschichtlich existenten Rechtsgemeinschaft zieht. Nur der Positivist leugnet jene aus der Natur der rechtlich zu ordnenden Dinge folgenden Normen, die bindend sind für jeden, auch für den Gesetzgeber. Der Positivist muß folgerichtig sich dann aber auch zu dem Satz bekennen: „Befehl ist Befehl; jedes beliebige positive Gesetz, auch wenn es die größten Ungerechtigkeiten enthält, ist Recht." Eine solche Auffassung gibt das Wesen des Rechtes und wahrer Rechtswissenschaft preis. Sie ist heute auch praktisch ad absurdum geführt, nachdem in diesem Jahrhundert die Irrlehre des Rechtspositivismus, letztlich die Theorie von der durch nichts begrenzten Macht des Stärkeren zu den furchtbarsten Rechtsbeugungen und Ungerechtigkeiten geführt hat.

Wer aber aus irgendwelchen Gründen — im letzten sind es keine durchschlagenden — das Wort „Naturrecht" ablehnt, aber der Sache, die damit gemeint ist, zustimmt, mit dem kann man sich einigen auf den Begriff des Sachrichtigen. Jedermann muß sich ja doch im Umgang mit den Menschen und Dingen auch nach deren Wesen und Eigenart richten. Der Mensch ist keine Sache und kein Tier, also muß die Natur des Menschen sittlich und rechtlich anders gewertet werden als die der untermenschlichen Wesen. Wer das aber anerkennt und die Natur des Menschen für jeden, auch für den Gesetzgeber maßgebend sein läßt, der steht schon auf dem Boden des Naturrechts, vorausgesetzt nur, daß er die Natur des Menschen richtig bestimmt. Aber das ist dann die Frage nach dem Inhalt des Naturrechts, während jene Anerkennung die nach seiner Existenz betrifft.(4) Daß also zunächst die Natur und der Gemeinwohlbezug dessen zu erforschen ist, was vom Gesetzgeber positiv-rechtlich normiert werden soll, mit anderen Worten, daß die Naturforderungen oder -normen Richtschnur bilden müssen, das ist allen Menschen außer den Gesetzespositivisten(5) so selbstverständlich, daß man sich nur wundert, wie diese entgegen ihrem sonstigen Verhalten im Umgang mit Menschen und Dingen gerade den Gesetzgeber vom Natur- oder Sachrichtigen loslösen wollen. In Wirklichkeit können die Gesetzespositivisten ihren unsinnigen Standpunkt auch gar nicht durchhalten. Wenn der Gesetzgeber zum Beispiel ein Ehe- und Fa-

(4) Näheres darüber siehe Anmerkung 1.

(5) So sollte man die „Rechtspositivisten" richtiger bezeichnen und die von ihnen vertretene Wissenschaft „Gesetzeswissenschaft" statt Rechtswissenschaft nennen.

miliengesetz[6] oder ein Aktien- oder ein Steuergesetz erlassen will, muß er wissen, was diese Sachbereiche ihrer Natur und Sozialbedeutung nach sind, und was sie für die konkrete, geschichtlich geprägte Volksgemeinschaft und ihr Gemeinwohl darstellen.

So muß auch der Gesetzgeber, der ein Urheberrecht vorbereitet und erläßt, sich darüber klar sein, was er hier gesetzlich ordnet, was also das geistige Eigentum in seinem inneren Wesen ist, und welchen Schutz es um des Gemeinwohles willen heute verdient. Beides ist somit bei jeder Gesetzgebung zu beachten, die natürliche, vor aller Gesetzgebung feststehende Eigenart der zu regelnden Materie und deren soziale Bedeutung für das Gemeinwohl einer ganz bestimmten geschichtlich geprägten Gemeinschaft. Grundlage bleibt stets die Natur der Sache, aber berücksichtigt werden muß auch ihre Stellung im historischen Raum und ihr den natürlichen konkretisierenden Bezug zum Gemeinwohl der konkreten Rechtsgemeinschaft.[7] So berücksichtigt das naturrechtliche Denken die feststehende, dem geschichtlichen Wandel entzogene Natur des Menschen und der daraus sich entfaltenden Gemeinschaft. Es sieht aber auch, daß beide, in ihrem Wesenskern gleichbleibend, doch auch in einer geschichtlichen Entwicklung stehen, das heißt, daß jenes Wesen seinen wandelbaren Ausdruck findet nicht nur in der bunten Fülle individueller und typischer Ausprägung der einen Menschennatur, sondern auch in der geschichtlichen Erscheinungswelt. Das naturrechtliche Denken ist also weder ungeschichtlich, starr, noch auch völlig unbestimmt, bloß relativ zur jeweiligen, veränderlichen geschichtlichen Lage. Das Naturrecht besteht ferner nicht bloß aus einigen allgemeinen Grundsätzen, sondern reicht so weit und läßt sich (allerdings oft nur schwierig) in dem

(6) Wie weit sich heute bei nicht wenigen das Seins- und Lebensverständnis von der natürlichen Wirklichkeit entfernt hat, zeigen zum Beispiel die Diskussionen um die Ehe- und Familienrechtsreform.

(7) Hier muß das naturrechtliche Denken von den Erkenntnissen der Soziologie und Geschichte ergänzt werden. Jenes verdrängen, hieße aber in den soziologistischen und historistischen Relativismus verfallen, der alle gültigen Maßstäbe preisgibt.

Umfang bestimmen, wie die im Kern gleichbleibende Wesensnatur des Menschen und des Sozialen reicht beziehungsweise sich erkennen läßt.(8)

Wenn hier nun vom christlichen Naturrecht gesprochen wird, so ist es zu verstehen im Gegensatz zum aufklärerischen, in dem die gesetzgebende Vernunft nicht als eine seins-, natur-, sachvernehmende vorgeht, sondern mit aprioristischen Konstruktionen, mit vorgefaßten Ideologien oder Utopien arbeitet. Das christliche Naturrecht ist dagegen realistisch. Es geht aus von der inneren, unveränderlichen Wesensordnung der Dinge, sieht deren Stellung in der Schöpfungsordnung und in der Beziehung zur Erlösungsordnung. Diese kann aber hier deshalb außer Betracht bleiben, weil es der Staat mit seiner Rechtsgestaltung mit dem natürlich Sachrichtigen zu tun hat. Durch dessen Beachtung dient er dann in seiner Weise und mit seinen Mitteln der Schöpfungsordnung und so mittelbar auch dem Reiche Gottes.(9)

Es geht also im Folgenden um die normative Definition des geistigen Eigentums gemäß dem wahren Naturrecht und um ihre Bedeutung für das positive Recht, insbesondere für die Neugestaltung des Urheberrechts.

III. Das Wesen des geistigen Eigentums

1. Eigentum ist die Befugnis des Menschen zur Herrschaft über Sachgüter.

Naturrechtliches Eigentum ist diese Befugnis des Menschen auf Grund seiner Natur und gemäß der Natur der Sachgüter im Raum der von der Natur des Menschen in ihren Grundzügen bestimmten sozialen, mitmenschlichen Beziehungen und Gebilde. Naturrechtliches Eigentum besteht und gilt schon vor aller positiven Gesetzgebung insoweit, wie der Mensch und seine natürliche Herrschaft über die Sachgüter vor dem Staat und seiner

(8) Näheres darüber siehe Anmerkung 1.

(9) Über den Begriff des Christlichen im engeren Sinne und im weiteren Sinne siehe Mausbach-Ermecke, Katholische Moraltheologie. Band I[8] (1954), Band III[9] (1953), Münster, Verlag Aschendorff.

Gesetzgebung bestehen und in ihren Grundzügen normativ (naturrechtlich) geregelt sind.

Positiv-rechtliches Eigentum ist die vom positiven Gesetz geschützte und näher umschriebene Befugnis der Herrschaft des Menschen über Sachgüter.

2. Nur Gott besitzt absolutes Eigentum, weil er allein der absolute Herr aller Dinge ist.

Jedes menschliche Eigentum ist relativ, das heißt begrenzt, weil bezogen a) auf das Wesen des Menschen selbst, der sich in der Herrschaft sinnvoll und endzielgerichtet entfalten soll, b) auf die über dem Menschen stehende sittliche Ordnung und Verpflichtung gegenüber Gott als Schöpfer und Ziel des Menschen und der Dinge, c) auf das Verhältnis zu den Mitmenschen und d) auf die Stellung des Menschen und seiner Güter im Dienst am Gemeinwohl, in dessen wahrer Verwirklichung der Mensch auch (nicht nur!) sein Wesen entfalten soll.

Die unter c) und d) erwähnte soziale Begrenzung oder „Hypothek", die auf jedem Eigentum lastet, interessiert hier zunächst. In dieser Bindung liegt ja auch der Grund, warum der Staat berechtigt und verpflichtet ist, um des Gemeinwohles willen durch sein Gesetz auch das geistige Eigentum einerseits zu schützen, andererseits seine Rechte den wahren Forderungen des Gemeinwohles anzupassen.([10])

In der Diskussion um ein neues Urheberrecht ist also zunächst herauszustellen: Auch das geistige Eigentum ist ein Naturrecht, selbstverständlich kein absolutes, sondern ein relatives, aber jedenfalls nicht relativer als das materielle Eigentum.

Der Staat muß demnach auf der naturrechtlichen Ordnung aufbauen, wenn er das neue Urheberrechtsgesetz erläßt.

3. Eigentum kann nur in der Herrschaft über Sachgüter bestehen.

([10]) Über die Befugnisse des Staates hinsichtlich der Ordnung des Eigentums siehe Leo XIII., Rerum Novarum vom 15. 5. 1891, und besonders Pius XI., Quadragesimo Anno vom 15. 5. 1931 (vergl. zu dieser Lehre Anmerkung 1).

Niemals können Menschen Gegenstand des Eigentumsrechtes sein. Also weder der Mensch, noch was zur Integrität seines Leibes und Lebens, seines Geistes gehört, sind Gegenstand des Sachenrechts, weil der Mensch keine Sache ist! Hier gibt es keine von der Person losgelöste Herrschaft, sondern nur das Einbringen der ganzen Person mit allen ihren Kräften und Fähigkeiten in die sittlichen Ziele, zu deren Verwirklichung auch die Rechtsordnung verhelfen soll. Wenn hier von Herrschaft über „Sach"-Güter gesprochen wird, so wird dadurch die eigentümerische Herrschaft über Personen verneint. „Sache" meint und umfaßt somit alles was nicht Person, nicht Mensch ist als Einheit von Leib und Seele, als Mann und Frau in individueller Besonderung und sozialer Verbundenheit. Sachgüter (als Gegenstand des Eigentumsrechts) sind also nicht bloß die materiellen Gegenstände, sondern:

4. Die dem Eigentum unterworfenen Sachgüter können verschiedener Natur sein:

a) Die unmittelbaren und die mittelbaren materiellen Sachgüter. Sie werden vor allem vom positiven Recht geschützt. Sie sind leicht zu fassen, weil sie irgendwie körperlich, dinglich in die Wahrnehmungswelt hineinragen, also in die äußere Lebenssphäre der Gemeinschaft, mit deren Ordnung es das Recht zu tun hat.

b) Die immateriellen oder geistigen Güter, auf die die Normen über die materielle Sachgüterherrschaft nur zu einem Teil anwendbar sind. Ein anderer Teil ist nur analog beziehungsweise gar nicht anwendbar, insoweit die immateriellen Rechtsgüter von den materiellen wesensverschieden sind und nur mittelbar in die äußere Sphäre des Rechts hineinragen.

Aus dem Übergewicht des rechtlichen Schutzes der materiellen Rechtsgüter und infolge der einseitigen Sicht der immateriellen entweder im Hinblick auf ihre Persönlichkeits- oder Ursprungsbeziehung oder auf ihre bloß vermögensrechtliche Verwertbarkeit ist dem geistigen Eigentum weder in der Rechtsdogmatik noch in der -praxis bislang jene Stellung eingeräumt worden, die ihm vor den oft zwar dringlicheren, aber darum keineswegs ranghöheren materiellen Werten zukommt.(11)

Es ist aber rechtsdogmatisch und -praktisch falsch, zu sagen, das geistige Eigentum sei kein echtes Eigentum, sondern es sei nur nach vermögensrechtlichen beziehungsweise nach persönlichkeitsrechtlichen oder aus beiden gemischten Gesichtspunkten zu betrachten.

Die vermögensrechtliche Seite des geistigen Eigentums ist seine sekundäre Folge, konstituiert also nicht sein eigentliches primäres Wesen!

Die persönlichkeitsrechtliche Seite ist zwar beim geistigen Eigentum wichtig und kennzeichnend, mehr als beim materiellen, aber allein nicht maßgebend. Gewiß behält jedes geistige Eigentum untrennbar die Beziehung zu seinem Schöpfer. Auch diese Seite ist wohl zu berücksichtigen, zum Beispiel hinsichtlich des Veränderungsrechtes gegenüber geistigen Schöpfungen (siehe unten); denn nie kann ein geistiges Eigentum die Beziehung zu seinem Urheber verlieren, wenngleich — und das geht über die rein persönlichkeitsrechtliche Seite hinaus — diese Beziehung hinsichtlich des Auswertungsrechtes des geistigen Eigentums gelockert, ja durch den Urheber in eine ganz andere Hand gelegt werden kann.

Eine besondere Eigenart des geistigen Eigentums liegt darin, daß an ihm eine an sich unbegrenzte Anzahl von Menschen teilnehmen kann, so daß gerade diese Teilnahme auch eine besondere gesetzliche Behandlung gegenüber dem materiellen Eigentum erfahren muß (siehe unten).(12)

5. Geistiges Eigentum ist die Befugnis des Menschen zur Herrschaft über von ihm geschaffene immaterielle, geistige Güter.

---

(11) Auf die Unterscheidung von Wertdringlichkeit und Werthöhe hat jeder, auch der Gesetzgeber zu achten. So dringlich die materiellen Werte sein mögen, höher stehen die geistigen, die jenen nicht untergeordnet werden dürfen, weil und insoweit ohne sie der Mensch als Gottesebenbild und als Glied Christi sowie als Glied gottgewollter Gemeinschaft nicht sein kann.

(12) Die Teilnahme des einen am geistigen Produkt des andern kann mit den Kategorien des Eigentumsrechts nicht erfaßt werden.

Damit eine solche Herrschaft an sich und im Rechtsbereich tatsächlich werden kann, ist es nötig, daß die geistige Schöpfung des Urhebers aus dessen Innern heraustritt und sich objektiviert. Solange das geistige Gut im Innern des Urhebers verbleibt, ist es noch kein Rechtsgut, noch kein Eigentum im Rechtssinne, vielmehr mit dem personalen Wesen seines Schöpfers sachlich identisch; denn das Recht hat es mit dem äußeren, nicht direkt mit dem inneren Lebensbereich der Menschen zu tun (siehe oben). Niemand darf zum Beispiel gezwungen werden, seine persönlichen Gedanken zu offenbaren, auch nicht in der Hypnose oder durch die Behandlung mit dem „Lügendetektor" oder mit den fälschlicherweise sogenannten „Geständnisdrogen".([13])

Wenn aber ein schöpferischer Gedanke den Innenraum des Schöpfers verlassen hat, indem er sich im Wort oder im Werk objektiviert, dann tritt er in die Sphäre des Rechts, er wird Gegenstand des Eigentums seines Urhebers. Dann wird der Schutz des geistigen Eigentums durch das Naturrecht wirksam, und ihm zu folgen hat das staatliche Gesetz.

Ein Tagebuch, ein Notenblatt, ein Brief, ein Buch wird durch die darin geschehene Objektivierung einer geistigen Schöpfung — mag sie wertvoll sein oder nicht — Gegenstand des geistigen Eigentums. Seine nächste Folge, aber nicht sein Wesen, auch nicht im rechtlichen Sinne ist, daß der Eigentümer sein geistiges Gut bewahren, andern mitteilen oder nutzbringend verwerten kann.

6. Die Befugnis zur Herrschaft über geistiges Eigentum umfaßt:

a) Das Bewahrungsrecht.

Der Eigentümer hat das ausschließliche Recht darüber, ob er sein geistiges Eigentum bewahren, bei sich behalten oder verändern, vernichten oder anderen weitergeben will.

([13]) Über Recht und Pflicht der Geheimniswahrung bezw. -mitteilung vergl. Anmerkung 1).

Die Frage, die hier auftaucht, ist jedoch, ob jemand, der zum Beispiel eine lebenswichtige Erfindung zur Bekämpfung einer gemeingefährlichen Erkrankung gemacht hat, das Recht hat, dieses sein geistiges Eigentum andern vorzuenthalten oder ob hier unter Umständen der Staat die Weitergabe an andere fordern kann. Sofern sich die geistige Erkenntnis objektiviert und ein Rechtsgut ist, gelten für diese die allgemeinen Bestimmungen. Das heißt wie materielles Eigentum mit der sozialen Hypothek belastet ist, die unter anderem sich auch in öffentlichen Eigentumsbeschränkungen zeigt, so ist auch das geistige Eigentum sozial belastet. Es kann seine Verbreitung von Rechts wegen verboten werden, wenn sie das soziale Wohl gefährdet, wie zum Beispiel bei pornographischen oder staatsgefährlichen Schriften. Es kann aber auch der Enteignung unterliegen (siehe unten).

b) Das Verfügungsrecht.

Der Eigentümer kann sein geistiges Eigentum nicht völlig von sich als Ursache loslösen, weil sein geistiges Werk mit ihm unabtrennbar verbunden bleibt, insofern es sein Produkt ist. Aber es steht ihm frei, andere durch Mitteilung daran teilnehmen zu lassen. Ob das kostenlos oder gegen Entgelt erfolgt, also ob das geistige Eigentum wirtschaftlich verwertet wird oder nicht, steht ganz in der Verfügungsgewalt des Eigentümers.

Das Verfügungsrecht umschließt also das Mitteilungsrecht, das seinerseits wiederum das wirtschaftliche Verwertungsrecht mitumfaßt.

Mehr noch als das Bewahrungsrecht ist das Verfügungsrecht sozial gebunden durch Rücksichten auf das Gemeinwohl. Eher als dort ist hier eine mehrfache Enteignung möglich: die Strafenteignung, zum Beispiel bei pornographischen Schriften; die Wohlfahrtsenteignung, zum Beispiel bei geistigem Eigentum, dessen Erhaltung oder Auswertung für das Gemeinwohl von allergrößter Bedeutung ist und anders als durch Enteignung nicht für das Gemeinwohl sichergestellt werden kann; die Notstandsenteignung, wenn ein sozialer Notstand anders als durch Enteignung einer lebenswichtigen Erfindung nicht beseitigt werden kann. Während keine Entschädigung zu bezahlen ist bei der Strafenteignung, dagegen volle bei der Wohlfahrtsenteignung, ist bei der Notstandsenteignung eine solche zu zahlen, wie es der Notstand und seine Überwindung zulassen.([14])

IV. Der Schutz des geistigen Eigentums

1. Aufgabe der staatlichen Rechtsordnung ist es, auch und gerade das geistige Eigentum anzuerkennen und zu schützen.

Das staatliche Recht muß den Eigentümer schützen vor jeder wirtschaftlichen Verwertung seines Eigentums durch andere gegen seinen Willen. Nicht bloß gegen willkürliche Enteignung ist der geistige Eigentümer zu schützen, sondern, wenn die Enteignung aus Wohlfahrts- oder Notstandsgründen erfolgt, weil das Gemeinwohl sie verlangt, dann kann sie nur geschehen a) unter gerechter Entschädigung, b) unter Wahrung der Ursprungsbeziehung zum Eigentümer und c) unter Mitbeteiligung des Eigentümers an der Verwertung seines Eigentums, falls jene nicht schon mit seinem Einverständnis in der Höhe der Entschädigungssumme eingeschlossen ist.

2. Der Staat muß auch schützen vor sogenannten Zwangslizenzen, vor der Übertragung der Rechte am geistigen Eigentum an Dritte, sei es auch nur zu privaten Zwecken, sei es zur wirtschaftlichen Auswertung, sei es zur Veränderung des Gegenstandes des geistigen Eigentums, also zur Veränderung seiner Ursprungsbeziehung zu seinem geistigen Schöpfer.

Gegenüber dem Bewahrungsrecht gibt es an sich keine Zwangslizenzen, höchstens eine Enteignung zugunsten des Staates selbst. Niemand kann einen privaten geistigen Eigentümer zwingen, einem anderen Menschen

---

([14]) Vergl. G. Ermecke, Staatliche Enteignungsmaßnahmen im Lichte des christlichen Naturrechts, in: Theologie und Glaube, 1949, Seite 217—232.

sein geistiges Eigentum mitzuteilen, es sei denn, es lägen besondere Gründe vor, die das private Recht einschränken. Zum Beispiel jemand besitzt ein Wissen, das er der Schöpferkraft seines Geistes verdankt, und die Mitteilung dieses Wissens würde andere vor schwerem Schaden bewahren. Eine rechtliche Mitteilungspflicht bestände auch dann nur, wenn durch Nichtmitteilung das Gemeinwohl schweren Schaden erlitte oder besondere Rechtsbeziehungen von Natur aus oder auf Grund vertraglicher Vereinbarung bestehen zwischen dem geistigen Eigentümer und dem Mitteilungsempfänger.

Zwangslizenzen im Raum des Verfügungsrechts, das heißt der Mitteilung und der Verwertung geistigen Eigentums, wenn also der geistige Eigentümer selbst schon sein Eigentum anderen mitteilt und verwertet, gibt es wiederum nur, insoweit das Gemeinwohl dieses verlangt und dann nur gegen volle Entschädigung wie bei der Wohlfahrtsenteignung oder entsprechende bei der Notstandsenteignung.

3. Das geistige Eigentum ist so sehr mit seinem Schöpfer verbunden, daß es gegen seinen Willen nicht bloß nicht mitgeteilt und verwertet werden darf, es sei denn bei Enteignung aus Gemeinwohlgründen, sondern daß es gegen seinen Willen auch nicht verändert werden darf. Hier können nur schwerwiegende Gemeinwohlgründe im allgemeinen eine Rechtfertigung bieten (zum Beispiel bei Erfindungen).

4. Wie auf anderen Rechtsgebieten, so sind auch Verträge über die Auswertung geistigen Eigentums nichtig, wenn sie unter Ausbeutung fremder Not oder durch Täuschung oder sonstwie gegen die guten Sitten verstoßen. Es kann zum Beispiel ein unter dem Druck wirtschaftlicher Not rechtsgültig abgeschlossener Vertrag — bei Geistesschaffenden ist das leider oft der Fall — später korrekturbedürftig werden, wenn die Verwertung des geistigen Eigentums später derartig wirtschaftlich erfolgreich wird, daß auch in Anbetracht des übernommenen Risikos und der eigenen Leistung

des Verwerters fremden geistigen Eigentums eine höhere als die vereinbarte Gewinnbeteiligung dem Urheber zuzubilligen ist.

5. Ein Heimfallrecht hinsichtlich des geistigen Eigentums besteht wie bei anderen Rechten nur, wenn es herrenlos geworden ist. Ebensowenig wie anderes Eigentum nach 50 Jahren ohne weiteres dem Staate anheimfällt, kann das für das geistige Eigentum gelten.

Aber auch wenn ein geistiges Eigentum herrenlos wird hinsichtlich seines wirtschaftlichen Trägers und Verwerters, so muß auch in diesem Fall die Ursprungsbeziehung zum geistigen Schöpfer unbedingt gewahrt bleiben. Ein ausnahmsweise stattfindendes Heimfallrecht, das dann aber zeitlich nicht begrenzt ist, vielmehr stets dann eintritt, wenn niemand mehr da ist, der sein Inhaber ist, zum Beispiel der Schöpfer selbst oder seine Erben oder vertraglich von beiden bestimmte andere Rechtssubjekte, gibt aber nie ein Änderungsrecht, es sei denn sicher erwiesen, daß die Änderung mit dem ausdrücklichen oder mutmaßlichen Willen des Inhabers geschieht.

6. Nur der geistige Eigentümer hat also ein ausschließliches Verwertungsrecht als Ausfluß seines Eigentumsrechts. Nur mit seiner Einwilligung können andere es gewinnbringend verwerten.

Wenn das geistige Eigentum andern mitgeteilt wird, so wird es nicht deren „Eigentum" im rechtlichen, sondern in einem psychologischen, übertragenen Sinne (siehe oben); es wird als Gegenstand des Aktes ihres Geistes ein Stück ihrer selbst.

7. Wer das geistige Gut eines anderen gewinnbringend verbreitet, muß den Eigentümer daran beteiligen. Somit besteht grundsätzlich Tantiemepflicht, es sei denn, der geistige Eigentümer habe in einem sittlich und rechtlich gültigen Vertrag darauf verzichtet. Wie andere Verträge zum Schutze des Verfügenden und der Öffentlichkeit einer besonderen Formvorschrift unterworfen werden, so sollten auch Tantiemeverträge eventuell nur in notarieller Beurkundung Gültigkeit haben.

Befreiung von der Tantiemepflicht besteht nur a) bei unvordenklichen Werken, für die kein Tantiemeberechtigter mehr existiert, b) für Wohlfahrtsveranstaltungen, wenn der Tantiemeberechtigte ausdrücklich oder stillschweigend auf seinen Anspruch verzichtet hat.

Was unter b) gesagt ist, gilt auch für kirchliche Veranstaltungen([15]) und volksbildnerische Arbeit. Wenn dabei menschliche Kräfte und sachliche Einrichtungen gegen Bezahlung eingesetzt werden, kann man dem geistigen Eigentümer nicht ohne weiteres zumuten, daß er sein Eigentum kostenlos zur Verfügung stellt.

V. Erlöschen des Verwertungsrechts beim geistigen Eigentum

Das Verwertungsrecht erlischt

1. durch Untergang der Sache,

2. durch freiwillige Verfügung des Eigentümers, sei es durch Vertrag oder durch letztwillige Verfügung.

Geistiges Eigentum, das, wie gesagt, unabtrennbar mit seinem Urheber verbunden bleibt, kann nicht gegen seinen Willen zur wirtschaftlichen Verwertung geändert werden. Das gilt auch für die Erben, falls ihnen das Recht nicht eigens übertragen ist.

Wenn nach 50 Jahren die Vererbbarkeit des Urheberrechts aufhören sollte, dann umschließt das nicht ein Änderungsrecht; eine Änderung am Werk kann entgegen den sonstigen im Eigentumsrecht geltenden Prin-

([15]) Laut GEMA-Nachrichten Nr. 18 (1953) ist im Anschluß an den unter dem 13. 1. 1953 zwischen den katholischen Organisationen und der GEMA abgeschlossenen Vertrag durch den Referenten der Fuldaer Bischofskonferenz, Bischof Dr. Kempf von Limburg, für alle Diözesen des Bundesgebietes einschließlich West-Berlins mit der GEMA ein Vertrag über die Veranstaltungen der Kirchenchöre und Pfarrfamilien zustande gekommen. „Der deutsche Episkopat würdigt durch diesen Vertrag die Bedeutung der Kirchenmusik und möchte durch die Anerkennung der Urheberrechte zu weiterem künstlerischem Schaffen Anregung geben. Der Vertrag bestätigt damit die Ansprüche der Komponisten auf angemessenen rechtlichen, materiellen Schutz ihrer Werke, durch den sie erst zu fruchtbarem Kunstschaffen in der Lage sind" (ebenda Seite 49).

zipien nur vertreten werden, wenn die Substanz des Werkes nicht berührt wird und im Sinne des Urhebers gelegen ist.

Wenn aber die Vererbbarkeit der Werknutzungsrechte 50 Jahre nach dem Tode des Schöpfers erlöschen soll, unter Hinweis auf die Möglichkeit, daß das geistige Eigentum nach 50 Jahren schon in so vielen Menschen Mitträger gewonnen habe und, wenn auch untrennbar von seinem Urheber, also ein gewissermaßen öffentliches Gut geworden sei, dann kann daraus nicht etwa einfach eine Freiheit der Werknutzung, zum Beispiel eine Aufführungsfreiheit, hergeleitet werden, in der Praxis also zu Gunsten solcher, die aus dem freien Musikgebrauch Nutzen ziehen möchten.

In solchen Fällen sollten sinnvollerweise die einkommenden Erträgnisse zur Unterstützung bedürftiger Urheber und ihrer mittellosen Hinterbliebenen verwandt werden. Zu diesen Zwecken könnte eine Berufsgemeinschaft der Komponisten zuerst auf die Mittel zurückgreifen, die ihr aus der Verwertung geistigen Eigentums verstorbener Meister zufallen. —

Auch die schöpferischen Werke des Geistes im Bereich der Kunst sollten von Staats wegen unter Denkmalsschutz gestellt werden, falls sie dessen würdig sind.

Musik als geistiges Eigentum

Von

Professor Johannes Overath, Bensberg

Musik unter moralisch-rechtlichem Aspekt zu behandeln, mag zunächst einmal ungewöhnlich erscheinen. Die geldwerte Bedeutung der Musik aber ist im letzten halben Jahrhundert, insbesondere durch die Erfindungen auf dem Gebiete der mechanischen Vervielfältigung und technischen Musikwiedergabe, so sehr gewachsen, daß die bisherige Gesetzgebung zum Schutze des Musikschöpfers und seines Rechtsanspruchs auf die Frucht seines künstlerischen Talentes und Fleißes einer Reform bedarf.

Wenn der Satz „Res fructificat domino!" zu Recht besteht, dann trifft dies in höherem Grade auf die inneren Fähigkeiten des Urhebers zu, da nichts dem Menschen mehr zu eigen sein kann als diese.([1])

Es geht nicht darum, die Bedeutung des Rechtsschutzes der materiellen Güter zu verkleinern, jedoch ist es vonnöten, der Arbeit und dem Werk des geistig-schöpferischen Menschen um der Bedeutung der geistigen Lebensgüter willen erhöhte Beachtung zu schenken. Man hat ein geistiges Eigentumsrecht bestritten, weil es kein „geistiges", sondern nur ein „körperliches" Eigentum gebe. Der geistige Inhalt sei nicht greifbar, lediglich die sinnfällige Form oder die Hülle, in die der Inhalt gebracht werde und in der er der Vervielfältigung fähig sei. Dabei anerkannte man grundsätzlich das Recht des Urhebers auf die Frucht seines Geistes.

Mit Recht betont G. Ermecke (Seite 18), daß vor aller Gesetzgebung Natur und Eigenart der gesetzlich zu

([1]) Dieser Gedanke ist schon in der Moraltheorie I. P. Gury, S. J., Regensburg 1858, Seite 294, besonders betont.

regelnden Materie wie auch ihr Verhältnis zur Gemeinschaft zu untersuchen seien. Damit ergibt sich für uns die Aufgabe, Wesen und Eigenart der Musik, vor allem ihren Ursprung, ihre Erscheinungsweise und ihr Verhältnis zum Menschen sowie zur menschlischen Gemeinschaft zu betrachten.

Die musikalische Schöpfung vollzieht sich im geistigen Raum. Damit sie in die Rechtssphäre und somit in den ihr entsprechenden Rechtsschutz gelange, muß sie sich manifestieren im wahrnehmbaren Werk. Die Musik zählt neben Poesie und Mimik zu den energischen Künsten, d. h. zu solchen Kunstschöpfungen, die im zeitlichen Verlauf sich abspielende Geschehnisse sind und miterlebt werden. Sie steht bezüglich des Materials im größten Gegensatz zu den Werken der bildenden Kunst, der Malerei, Plastik, Architektur u. a. Trotz der verwandtschaftlichen Beziehung zwischen der Musik und den übrigen energischen Künsten sind aber auch Unterschiedlichkeiten gegeben; während es Sinn und Zweck der Musik ist, zum Klingen gebracht, also aufgeführt zu werden, gehört es nicht zum Wesen der Poesie, daß sie vorgetragen wird. Es ist nämlich nicht der Sinn eines Buches, daß es als Grundlage zum Vortrag dient, obschon die Möglichkeit besteht; der Zweck des Buches ist schon erfüllt, wenn es gelesen wird. Hinzu kommt, daß es viele Bücher gibt, die sich zum Vortrag nicht einmal eignen. Die Mimik als Dritte der energischen Künste kann hier außer Betracht bleiben, da sie eine eigentliche „geistige Schöpfung" — von der Tanzdichtung abgesehen — nicht voraussetzt, sondern aus dem Spielimpuls einmalig geboren wird. Ein Notenblatt aber kann gar keinen anderen Sinn haben, als daß die aufgeschriebenen oder auch aufgedruckten Noten zum Klingen gebracht werden.

Musik, die sich aus dem flüchtigen, schnell vergänglichen Element der Töne formt, läßt sich nicht auf das Papier, das Notenblatt bannen.

Die Notenschrift vermag nicht einmal im einzelnen auszudrücken, was an rhythmischen Nuancierungen und dynamischen Schattierungen zu einem ausdrucksvollen Vortrag eines musikalischen Kunstwerkes im Sinne des Schöpfers gehört. Seit dem 18. Jahrhundert gibt es eine fast zahllose Reihe von Schriften, die sich mit dem Problem des künstlerischen Musikvortrags befassen. Der ausführende Künstler, Kapellmeister, Instrumentalist oder Vokalist, muß darum aus innerstem Nacherleben dessen, was den Urheber dieses musikalische Kunstwerk schaffen ließ, das Werk im wahrsten Sinne des Wortes nachschaffen. So wird das musikalische Kunstwerk erst mit der Aufführung lebendig, erlebbar und greifbar, und dies um so mehr, wenn der nachschaffende Künstler eine werkgetreue Wiedergabe zu bieten versteht. Der vielleicht längst verstorbene Musikschöpfer tritt in die Gegenwart und spricht in seiner allen Menschen verständlichen Sprache aufs neue zu seinen Hörern. Das ihm zu seinen Lebzeiten von Gott geschenkte Kompositionstalent, das Meister und Schule zwar regeln und fördern, aber niemals vermitteln konnten, das vielmehr ein kostbarer Besitz dieser bestimmten Persönlichkeit war, ist auch heute noch ein nicht leicht zu überschätzendes Lebensgut, von dem wir zehren. Musik tritt gerade als persönlichkeitsgebundenes Eigentum, ja als immer noch lebendiges Geistesgut dieser individuellen Persönlichkeit — etwa Bach, Beethoven, Mozart, Johann Strauß und andere — zu den Hörern im Hier und Jetzt in Beziehung. So sehr wir auch die Bedeutung des nachschaffenden Künstlers im sogenannten Künstlerhonorar anerkennen wollen, um wieviel mehr gilt es, das dem Musikschöpfer gebührende Honorar nicht zu einem allzu billigen Entgelt herabzuwürdigen. Diese Diskrepanz besteht sogar noch im zeitgenössischen Musikleben.

Sollten die leiblichen Erben verstorbener bedeutender Urheber nicht mehr auffindbar sein, wäre es dann nicht angebracht, nach „geistigen Erben“ zu suchen, das heißt nach zeitgenössischen Komponisten, die als Meister der sogenannten E- oder U-Musik von den für die Aufführung ihrer Werke erhobenen Tantiemen wirklich nicht leben können? Die Drucklegung zeitgenössischer Werke ist so teuer, daß das von den verkauften Noten für den Musikschöpfer zu erwartende Honorar (meist 10 % der verkauften Exemplare, wenn nicht noch weniger) in keinem Verhältnis zu der bloßen künstlerischen Arbeitsleistung, geschweige zu dem unter Umständen gegebenen Kunstwerk steht.(2) Über die Tatsache, ob dieses oder jenes musikalische Werk wirklich lebendig ist und wird, kann die Drucklegung nichts aussagen: dies hängt allein von der Zahl der Aufführungen ab. Gerade die Erkenntnis, daß Musik erst wirklich „existiert", wenn sie erklingt und damit auch als „geistiges Eigentum" in der sinnfälligen Form des Klanges sich manifestiert, sollte zu einer besonderen Rechtsbehandlung der Musik als sinnlich wahrnehmbarem, wenn auch immateriellem Eigentum zum Unterschied von allen anderen Arten geistigen Eigentums Anlaß geben.(3)

Es gehört zum Wesen und zur Eigenart des geistigen Eigentums, insbesondere aber der Musik, daß sie ein Schaffen und Aufnehmen, bezüglich der Musik näherhin ein Schaffen, Nachschaffen und Aufnehmen umschließt. Die Musik führt notwendig vom Individuum zur Gemeinschaft. Es ist der Musik eigentümlich, daß

(2) Auf den Vorschlag, Notenkauf und Genehmigung zur öffentlichen Aufführung zu verbinden, ist, von jeder grundsätzlichen Betrachtung abgesehen, zu erwidern, daß mit der dann notwendig sich ergebenden Verteuerung des Notenmaterials gerade die privat Musizierenden unbillig große Opfer beim Notenkauf zu bringen hätten, denn sie würden gezwungen, für diejenigen mitzubezahlen, die aus den Aufführungen Nutzen ziehen oder sogar Geschäfte machen (vergl. die Ausführungen von W. Richartz in GEMA-Nachrichten 1953, Nr. 18, S. 51).

(3) Diese Besonderheit der Musik gegenüber den anderen Arten geistigen Eigentums ist in der juristischen Fachliteratur nicht beachtet. Vergl. hierzu Allfeld, Das Urheberrecht an Werken der Literatur und der Tonkunst, C. H. Beck, München, 1928, S. 53 ff.; Runge, Urheber- und Verlagsrecht, F. Dümmler, Bonn, 1948, S. 230 ff.; Ulmer, Urheber- und Verlagsrecht, Springer, Berlin, 1951, S. 91 ff.

sie nicht allein in der ihr vom Komponisten gegebenen Gestalt besteht, sondern erst lebt, wenn diese Gestalt vom hörenden Menschen, beziehungsweise der hörenden Gemeinschaft aufgenommen und in der Musik die Brücke von Mensch zu Mensch geschlagen wird. Welche bedeutsame Funktion kommt ihr im Kult zu, da sie zur Mittlerin zwischen dem Menschen und Gott wird, weiterhin in der Beziehung von Mensch zu Mensch, in der Erziehung(4), in der Förderung des Gemeinschaftsgeistes, in ihrer heilenden Bedeutung für Geist und Körper, ja sogar in der Politik!(5) Mit welch begeisterten Worten preist der berühmte David Gregor Corner, Abt zu Göttweig, in der Vorrede seines Gesangbuches (1631) die Bedeutung der Musik für den Menschen:

> „GRoß und fast unglaublich ist die liebliche Süßigkeit unnd kräfftige Würckung dess Singens, also daß sie auch die allerhärtesten Gemüther einnimbt und bezwinget. Dann da sihet man, das kein Stand auff Erden so hoch, kein Ambt so mühseelig, kein Mensch so schlecht, der nicht durch ein anmütiges Gesang könnte bewegt und erweicht werden. Kleine Kinder in der Wiegen, die großen in schwerer Arbeit, die Geistlichen in der Kirchen, die Weltlichen in ihren Häusern, der König in seinem Pallast, der Soldat im Feld, der Wandersmann bey Tag, der Wächter bey Nacht, der Bawr und Handwercker wann ihnen der Schweiß obers Angesicht laufft, alle diese werden erfrewet, und in ihrem Weynen, Sorgen, leydt, Mühe und Arbeit, ergetzet durch ein holdseliges liebliches Gesang."

Zu den früheren, lebendig-künstlerischen Aufführungsmitteln, die die Wurzeln einer echten Musikkultur sind und immer bleiben werden, gesellen sich in heutiger Zeit die vielen Möglichkeiten mechanischer Musikwiedergabe: Rundfunk, Schallplatte und Tonband. Es

(4) Vergl. die Ethoslehre Plato's.

(5) Vergl. Fellerer, K. G., „Mensch und Musik", Vortrag auf dem Internationalen Musikkongreß 1952 in Wien.

ist hier nicht der Raum, auf die von daher drohenden Gefahren für unser gesamtes Musikleben einzugehen, ebensowenig aber auch die positiven Möglichkeiten zu beleuchten, die mit diesen technischen Mitteln einer zielklaren Musikerziehung und -pflege sich bieten. In unserer Betrachtung interessiert uns vielmehr die Frage, inwieweit Musik als geistiges Eigentum von einer an sich unbegrenzten Anzahl von Menschen mitbesessen werden, beziehungsweise inwieweit Musik Gemeingut werden kann. Die gestellte Frage ist hinsichtlich des einstimmigen Volksliedes leicht zu beantworten, weil der Schöpfer eines Volksliedes, im wahrsten Sinne des Wortes „schöpfend" aus der Erlebniswelt des Volkes, zum Sprecher des Volkes wird mit dem Ziel, daß sein Lied bald „in aller Munde" sei. Hier darf man annehmen, daß der Urheber mit einer zeitlichen Begrenzung seines Eigentumsrechtes, etwa auf 50 Jahre nach seinem Tode, einverstanden sein muß, weil die Grenzen seines Eigentums nicht mehr festzustellen sind. Ein solches Lied wird nach einer gewissen Zeit de facto Gemeingut, zumal fast jedermann die Möglichkeit hat, das Lied zum Klingen zu bringen und damit zu realisieren. Dies mag auch auf die Tanzlieder unserer Tage zutreffen, insofern es sich um wirkliche „Schlager" von breitester und dauerhafter Popularität handelt, wiewohl der durchschnittliche Schlager sich sehr schnell zu überleben pflegt.

Um Mißverständnissen vorzubeugen, sei eigens hervorgehoben, daß die Musik auf Volksfesten und das erwähnte einstimmige Volkslied bzw. Tanzlied durchaus verschiedene Dinge sind. Auf den heutigen Volksfesten hört man nämlich nicht das einstimmige Volkslied im eigentlichen Sinne, ganz abgesehen davon, daß man sich mit einem einstimmig gesungenen Volkslied auch nicht begnügen würde. Nicht zuletzt werden die Volksfeste unserer Tage dadurch gekennzeichnet, daß alle, die an der Veranstaltung derselben beteiligt sind, die ausgesprochene Absicht haben, Geld zu verdienen.[6] Wer kein Geld hat, kann in der Regel an solchen Veranstaltungen nicht teilnehmen. Wenn aber Volkslieder und Volksmusik instrumentaliter zur Aufführung kämen, so würden die Musikkapellen nicht ohne geldliche oder sonstige Entschädigung spielen, und die Veranstalter, die solche Kapellen verpflichteten, hätten gewiß die Absicht, durch die musikalischen Darbietungen ihre Einnahmen zu vermehren. Es besteht daher keinerlei Möglichkeit, das heutige „Volksfest" und das echte „Volkslied" als zueinandergehörige Bereiche anzusehen.

Die durch eigens verpflichtete Kräfte aufgeführte Musik der heutigen Volksfeste kann nicht als Gemeingut angesehen werden. Ja, keine Komposition der E- oder U-Musik kann durch die Gemeinschaft wirklich in Besitz genommen werden.[7] In der bisherigen durch den Gesetzgeber stipulierten zeitlichen Begrenzung des Musik-Urheberrechts hat man meines Erachtens zu wenig die Individualität des Urhebers und seines Werkes in Rücksicht gestellt. Alle Werke der E- und U-Musik sind wesensgemäß von der individuellen Künstlerpersönlichkeit her bestimmt, wenn auch an hörende Menschen gerichtet. Sie wecken in hörenden Menschen entweder Empfindungen, Gefühle und Vorstellungen, die in höhere Bezirke weisen und sie ahnen lassen, wohin der Alltag nicht zu reichen vermag, und richten die Gedanken auf eine übersinnliche Welt, oder aber sie dienen im Bezirk des Spielhaften und Unterhaltsamen der geistigen Erholung und Freude der Menschen. Musik an sich ist immer vieldeutig. Durch die Verkoppelung mit dem Wort wird sie zwar zweisprachig; aber

---

(6) Vergl. W. Richartz „Schützenfeste und Musikaufführungsrecht", GEMA-Nachrichten Nr. 18, S. 51 ff.

(7) Entgegen dem bisher geltenden Gesetz sollte deshalb bei E- und U-Musik die Tantiemepflicht zeitlich nicht begrenzt werden; wohl aber wäre aus kulturpolitischen Gründen die Frage überlegenswert, 50 bzw. 80 Jahre nach dem Tode des Urhebers die Auszahlung von Aufführungsgebühren an die wirklichen Träger des geistigen Erbes, an zeitgenössische Komponisten der E- und U-Musik erfolgen zu lassen; vergl. hierzu das auf Seite 4 Gesagte.

die daraus erwachsende gedankliche Gebundenheit zwingt zu geschlossener Gefolgschaft. Auf die guten und bösen Möglichkeiten der wortgebundenen Musik soll in diesem Zusammenhang nicht eingegangen werden.

Der musikschaffende Künstler trägt mit seinem Werk, das sein persönliches geistiges Eigentum für immer bleibt, in einzigartiger Weise zur Bereicherung des menschlichen Lebens bei, so daß ihm die Menschen allzeit zu Dank verpflichtet bleiben, je nach der Bedeutung des Kunstwerkes bis in die fernsten Generationen. So lange es materielle Lebensgüter gibt, die nicht „im Interesse des Allgemeinwohls" ohne Entschädigung zu öffentlichen Gütern erklärt werden, ist es unbegreiflich, daß für den Menschen so bedeutsame musikalische Lebensgüter, die, solange man sich um eine werkgetreue Realisierung im Sinne des Schöpfers bemüht, persönlichkeitsgebunden bleiben, des ihnen zukommenden Rechtsschutzes nach einer gewissen Reihe von Jahren beraubt werden sollen.

Abschließend sei noch bemerkt, daß es nicht das Ziel dieser Darlegung ist, aus der musikalischen Kunst ein Geschäft zu machen, sondern es geht allein darum, das elementare Recht des Schöpfers an seinem Werk und an der Werknutzung herauszustellen.

Forderungen an das neue Musik-Urheberrecht[1]

Von

Dr. jur. Willy Richartz, München
Stellvertretender Präsident des Deutschen Komponisten-Verbandes

Der Entwurf eines neuen Urheber-Gesetzes soll nach einer Verlautbarung des Bundesjustizministeriums den daran interessierten Kreisen rechtzeitig zugängig gemacht werden. Dennoch können diejenigen Forderungen nicht früh genug umrissen werden, die die Musikschöpfer hinsichtlich des neuen Musik-Urheberrechts an den Gesetzgeber richten. Es sei hier gleich festgestellt, daß in der Urheberrechtskommission, die von dem Bundesjustizministerium zusammengestellt und zur sachverständigen Beratung in Anspruch genommen wird, die Musikschöpfer unverständlicherweise nicht vertreten sind.

Bei den Forderungen an das Musik-Urheberrecht handelt es sich nicht etwa um ein Anliegen nur der Musikschöpfer — das sind die Komponisten und ihre Textdichter — sondern um das wohlverstandene Interesse der Allgemeinheit. Bei der Bedeutung, die die Musik gerade im Leben des deutschen Volkes einnimmt, ist es unerläßlich, daß eine gesetzliche Regelung getroffen wird, die der Bedeutung des Musikschaffens gerecht wird.

Das heutige Musik-Urheberrecht kann aber nur dann richtig kodifiziert werden, wenn sich diejenigen, die das

(1) Als Vortrag am 15. 9. 1952 in München in einer Versammlung der deutschen Komponisten und Textdichter gehalten.

neue Gesetz schaffen, erst einmal selbst darüber klar werden, was sie rechtlich zu ordnen haben.(2)

In dieser Hinsicht kann auf die Mitarbeit der Musikschöpfer doch wohl nicht verzichtet werden. So hat die bisherige Gesetzgebung zum Beispiel den Unterschied zwischen Musik und Literatur nicht genügend berücksichtigt.(3) Wenn man aber erst einmal die Unterschiede erkannt hat und bei der rechtlichen Betrachtung entsprechend würdigt, dann erscheint es kaum möglich und schon gar nicht zweckmäßig, das Musik-Urheberrecht zusammen mit anderen Urheberrechtsgebieten in ein und demselben Gesetz zu ordnen, wie es im bisherigen Gesetz betreffend das Urheberrecht an Werken der Literatur und Tonkunst von 1901/1910 geschehen ist.

Das Musik-Urheberrecht ist so wichtig und eigenartig, daß ein besonderes Gesetz praktisch ist, zumal sich für das neue Gesetz sehr weite Kreise interessieren, so besonders alle diejenigen, die Musik-Urheberrechte zu gewerblichen Zwecken benutzen. Tatsächlich spielt ja auch die Musik im Leben des Volkes die bei weitem größte Rolle gegenüber allen anderen Künsten. Ein präzis gefaßtes Gesetz wird auch am ehesten Urheberrechtsverletzungen verhindern helfen und das Recht der Musikschöpfer entsprechend der so weiten Verbreitung ihrer Kunst endlich in das allgemeine Bewußtsein bringen. Zumindest müssen alle Bestimmungen zur Regelung des Musik-Urheberrechts, das ja nicht nur Musik mit und ohne Text, sondern auch musik-dramatische Werke umfaßt, in einem besonderen Kapitel zusammengestellt werden.

Was nun die Musikschöpfer, aber auch die Allgemeinheit von dem neuen Urheber-Gesetz erwarten, ist vor allem dieses:

Die einschlägigen Bestimmungen des Musik-Urheberrechts müssen einen ausreichenden Schutz für die Schöpfer selbst gewährleisten.

(2) Vergl. Ermecke: Zum Schutz des geistigen Eigentums, Seite 18.
(3) Vergl. Overath: Musik als geistiges Eigentum, Seite 34.

Wenn wir das bisherige Urheber-Gesetz und dessen Handhabung überblicken, so sehen wir ein Persönlichkeitsrecht einerseits und andererseits ein Güterrecht — ein Vermögensrecht — welch letzteres wie eine Ware gehandelt wird. Es ist stets die Rede vom Gewordenen, vom Geschaffenen, von dem Werk — aber überhaupt nicht oder nur ganz am Rande von dem Schöpfer des Werkes selbst.

Aber gerade die Arbeitskraft der Musikschöpfer ist es doch, die des Schutzes durch den Staat bedarf. Das Urheberrecht ist ja nicht nur das Recht des Urhebers an seinem Werk, sondern tatsächlich auch das Arbeitsrecht des Urhebers. Die musikschaffenden Künstler sind zwar Einzelgänger und arbeitsrechtlich gesehen in der Regel selbständig.

Aber eine moderne Auffassung vom Arbeitsrecht beschränkt sich ja nicht nur auf den Schutz der in abhängiger Arbeit stehenden Menschen. Das Arbeitsrecht umfaßt vielmehr auch arbeitnehmerähnliche Personen. Beispielsweise werden verschiedene Vorschriften des Dienstvertragsrechtes in gewissem Umfange auch auf selbständige Unternehmer angewandt. Wer wollte da den musikschaffenden Künstlern — die alles andere sind als Unternehmer oder Produzenten — den Schutz des Staates versagen?

Die Erfahrungen mit dem bisherigen Gesetz von 1901/1910 zeigen, daß die Musikschöpfer diesen Schutz brauchen und zwar einen ausreichenden und wirksamen Schutz.

Es mag für die Rechtswissenschaft sehr reizvoll oder sogar wichtig sein, wie sie das Recht der Urheber ansehen will. Wem es um den Schutz des Urhebers und seines Schaffens ernst ist, wem die Schutzwürdigkeit und die Schutzbedürftigkeit der Künstler wirklich am Herzen liegt, dem sind allerdings die Theorien und Konstruktionen des Urheberrechts weniger wichtig als vielmehr das lebensnahe Ziel, den Musikschöpfern für sich und damit für die von ihnen geschaffenen Werke einen ausreichenden Schutz zu sichern. Wer das rechte

Gefühl für die Künstler und ihr Schaffen hat, wird ein Urheberrechtsgesetz erstreben, durch das dem Urheber das elementare Recht an seinem Geistesgut nicht länger mehr verkürzt wird und das eine unerlaubte Benutzung dieser so leicht verletzbaren Werte und Rechte unter hohe Strafe stellt.

Für die Urheber ist es also auch wenig bedeutsam, ob man dieses Recht als ein Persönlichkeitsrecht ansehen oder ob man ein Recht am geistigen Eigentum anerkennen will. So sind auch die verschiedenen Betrachtungsweisen des Immaterial-Güterrechts für die Musikschöpfer nicht so erheblich. Die Musikschöpfer meinen vielmehr, daß das Musik-Urheberrecht ein Recht eigener Art ist, und daß man eben von den Tatbeständen ausgehen muß, in denen sich die Musik einer rechtlichen Regelung darbietet.([4])

Im übrigen ist das Urheberrecht nur als in sich geschlossen anzusehen, wenn es auch verschiedenartige Rechtsinteressen umfaßt, so besonders die Rechte, die von der Künstlerpersönlichkeit sich herleiten und die Werknutzungsrechte, die dem Künstler die materiellen Voraussetzungen für sein Schaffen ermöglichen sollen.

Zu dem hier geforderten Schutz für die Musikschöpfer und ihre Werke gehört also einmal das ganz uneingeschränkte Gebot, daß die künstlerischen Persönlichkeitsrechte von jedem und für alle Zeit zu respektieren sind.([5]) Es erhalten sich ja sowieso über die Jahrhunderte hinweg nur Meisterwerke, und diese unverändert zu erhalten, ist eine der wichtigsten kulturellen Pflichten, die die Nachwelt dem Schöpfer schuldet.

Der Schutz für die Musikschöpfer verlangt aber auch, daß Werknutzungsrechte zukünftig nur unter ganz bestimmten Voraussetzungen übertragbar sind. Zu diesen

([4]) Vergl. Lehmann: Die Neuordnung der Güterwelt, Seite 11 und Overath: Musik als geistiges Eigentum, Seite 34.

([5]) Vergl. Overath a. a. O., Seite 38.

unverzichtbaren Bedingungen ist eine fortlaufende und angemessene Beteiligung an der Verwertung derartiger Rechte zu zählen.(6) Nur so werden die Urheber gegen eine mögliche Ausbeutung geschützt durch solche, die die Rechte erwerben.

Soll das neue Urheber-Gesetz die Urheber wirklich davor bewahren, daß sie um die Früchte ihrer Arbeit gebracht werden können — und das muß doch einer der wichtigsten Anlässe für das Gesetz sein — so müssen von Gesetzes wegen Abmachungen nichtig sein, durch die Urheber gegen eine einmalige Abfindung Werknutzungsrechte irgendwelcher Art abtreten.(7) Die Auswertung von Urheberrechten erscheint nämlich wenig sinnvoll, wenn die Urheber selber daraus nicht den entsprechenden Nutzen ziehen. Dies ist aber nur möglich, wenn die Urheber an der Verwertung der Werknutzungsrechte fortlaufend und angemessen beteiligt sind, besonders an der Auswertung musikalischer Werke, deren Werknutzungswert — abgesehen von ihrer künstlerischen Bedeutung — zu keinem Zeitpunkt feststeht und der in besonderem Maße von der Häufigkeit der Aufführung oder mechanischen Wiedergabe abhängt.(8)

Man wende nun nicht ein, es läge an den Musikschöpfern selbst, etwa ungünstige vertragliche Abmachungen abzulehnen und bessere Bedingungen zu verlangen. Wer so denkt, weiß nicht um die Sorgen und Nöte der Künstler und er weiß auch nicht um den unter ihnen bestehenden Konkurrenzkampf, der wiederum durch diese Nöte bedingt ist. Vor allem berücksichtigt

(6) Eine fortlaufende und angemessene Beteiligung an der Verwertung zum Beispiel der Verlagsrechte wird von Musikverlegern in der Praxis allerdings anerkannt, wodurch eine gesetzliche Bestimmung indessen nicht überflüssig wird. Bei dieser Gelegenheit sei bemerkt, daß der Niedergang des sogenannten „Papiergeschäftes" es nun wiederum notwendig erscheinen läßt, daß die Musikschöpfer ihrerseits ihre Verleger an den Einnahmen aus den Aufführungsrechten und mechanischen Rechten beteiligen.

Vergl. Richartz: Schützenfeste und Musikaufführungsrecht, in GEMA-Nachrichten 1953, Heft 18, Seite 51.

(7) Vergl. Arno Hennig in GEMA-Nachrichten, Heft 18, Seite 26.

(8) Vergl. Overath: Musik als geistiges Eigentum, Seite 34.

er nicht die häufig feststellbare „Lebensfremdheit" gerade der besten Künstler in kommerziellen Dingen. Der Gesichtspunkt der Vertragsfreiheit, der das Privatrecht sonst grundsätzlich beherrscht, hat sich auf dem Gebiet des Urheberrechts jedenfalls verhängnisvoll ausgewirkt. Auch der Einwand, man könne doch die Urheber in dieser Hinsicht nicht wie Unmündige behandeln, zieht wenig. Einmal sind es ja die Urheber selbst, die die oben umrissenen Einschränkungen in ihrer Vertragsfreiheit nicht nur auf sich nehmen wollen, sondern eine solche „Bevormundung" geradezu verlangen, und sie wissen auch, warum. Vor allem aber ist es im Wesen des Urheberrechts begründet, daß der schöpferische Mensch sich von seinem Werk weder künstlerisch noch materiell trennen kann und eben darum die Vertragsfreiheit beim Urheberrecht beschränkt werden muß.

Im Interesse der Musikschöpfer muß auch gefordert werden, daß Vereinbarungen über zukünftige Werke nichtig sind, es sei denn, es handele sich um Auftrags- oder Fortsetzungswerke. Dagegen bestehen keine Bedenken gegen eine vertragliche Verpflichtung, Verlagsrechte an zukünftigen Werken zunächst einem bestimmten Verleger anzubieten. Auch eine Vereinbarung, daß im besonderen Fall die Beteiligung an der Auswertung des Verlagsrechtes an einem Werk für den Musikschöpfer solange ruhen soll, bis die Aufwendungen des Verlages für dieses Werk gedeckt sind, erscheint tragbar.

Ebenso widerspricht es nicht dem urheberrechtlichen Denken, wenn vertraglich vereinbart wird, daß Aufwendungen für andere bisher bei dem Verleger erschienene Kompositionen mit Einnahmen aus einem neuen Werk verrechnet werden, obwohl es im Interesse des Urhebers liegt, Vereinbarungen dahingehend zu treffen, daß für jedes Werk gesondert abzurechnen ist und also nicht die Beträge aus verschiedenen Werken aufgerechnet werden können.

Ferner sollten urheberrechtliche Abmachungen irgendwelcher Art zu ihrer

Gültigkeit der Schriftform bedürfen.(9) Im übrigen sei hier auch auf die Notwendigkeit hingewiesen, das Verlagsvertragsgesetz von 1901/1910 ebenfalls neu zu gestalten und zwar unter Gesichtspunkten, wie sie oben dargelegt worden sind.(10) Auch das geplante Musik-Verwertungsgesetz, das die für die Musikschöpfer so bedeutsame Gesellschaft für musikalische Aufführungs- und mechanische Vervielfältigungsrechte (GEMA) auf eine bessere Grundlage stellen soll, kann den Urheberschutz verwirklichen helfen. Aber ein solches Musik-Verwertungsgesetz darf und kann nur den Sinn einer Staatshilfe zur Sicherung der Ansprüche der Musikschöpfer haben, deren Rechte bisher so leichtfertig verletzt wurden, weil man sie so leicht ungestraft verletzen konnte.

Die oben aufgestellten Grundsätze bezwecken nicht mehr und nicht weniger, als daß endlich einmal der Eigenart des Urheberrechts Genüge getan und eine mißbräuchliche Ausnutzung der Vertragsfreiheit verhindert wird.(11) Daher ist die Sicherung der Urheber-Rechte eine vordringliche Verpflichtung für den Gesetzgeber und also ein Hauptgesichtspunkt für die Reform des Urheberrechts.(12)

(9) Vergl. Ermecke: Der Schutz des geistigen Eigentums, Seite 28, der sogar in Anbetracht der Bedeutung der Urheberrechte eine notarielle Beurkundung fordert.

(10) Auch im Arbeitsrecht hat man bereits einer Gruppe von Künstlern, nämlich den Bühnenkünstlern, einen ungewöhnlichen und sehr wirksamen Schutz zukommen lassen, indem man in richtunggebender Weise diesen Künstlern neben dem Recht auf die vereinbarte Gage ein Recht zum Auftreten gegeben hat. Ähnliche Gesichtspunkte müssen auch für die Musikschöpfer erarbeitet werden etwa dahingehend, daß sie ihr Werk nicht nur gedruckt und „verbreitet", sondern es auch aufgeführt sehen wollen.

(11) Die Feststellung der oben umrissenen unabdingbaren Bedingungen durch den Gesetzgeber macht die Ausarbeitung brauchbarer Normal-Verträge für die Übertragung von Werknutzungsrechten zum Beispiel an Verlags- oder Verfilmungsrechten nicht etwa überflüssig, doch werden solche Verträge dem Geist des neuen urheberrechtlichen Denkens entsprechen müssen.

(12) Vergl. Hubmann: Das Recht des schöpferischen Geistes, 1954, de Gruyter, Berlin, Seite 95. Er fordert unter anderem, daß die Vergütungs- und Tantiemeansprüche, die aus einer Übertragung von Werknutzungsrechten entstehen, gegen unbeschränkte Pfändung geschützt werden müssen.

Darf es also keine Verwertung von Urheberrechten ohne Nutzen für den Urheber selbst geben, so muß man an das Unrecht denken, das besonders den Musikschöpfern geschah, weil der Gesetzgeber mit der Urheberrechtsreform so lange auf sich warten ließ. Man bedenke vor allem, daß die Technik Möglichkeiten schuf, Musik mechanisch aufzunehmen und aufzuführen, an die 1910 niemand denken konnte. Wie oft mußten nicht wegen Fehlens eines ausreichenden gesetzlichen Musikschutzes die deutschen Richter in schöpferischer Auslegung eines unzureichenden Gesetzes den Urhebern zu ihrem Recht verhelfen,([13]) weil eben das bisherige Gesetz den durch die Mechanisierung der Musik herbeigeführten Tatbeständen in keiner Weise Rechnung trägt. Bei der Rechtsprechung kam man zu dem selbstverständlichen Schluß, daß derjenige, der durch Aufführung von Musik Geld verdienen will, sei es mittelbar oder unmittelbar, vorweg den Musikschöpfer zu befriedigen hat. Allerdings sollte man es nicht für möglich halten, daß die Musikschöpfer immer erst wieder Prozesse führen mußten und dazu noch gegen außerordentlich kapitalstarke Prozeßgegner, um ihr Recht zu erlangen. Dabei ist es doch geradezu eine Versündigung, sich auf ein veraltetes Gesetz mit seinen die Urheber ihrer natürlichen Rechte beraubenden Paragraphen zu berufen.

Ganz unhaltbar ist die den schöpferischen Künstlern bisher zugemutete Begrenzung ihrer Rechte auf die Zeit von fünfzig Jahren nach ihrem Tode. Wenn ein Künstler ein Musikwerk geschaffen hat, so ist für ihn hiermit ein Recht entstanden. Heute, wo wir die Urheberrechte in ihrer künstlerischen und wirtschaftlichen Bedeutung denn doch etwas anders sehen als in den Jahren 1901/1910, kann man uns nicht mehr glauben machen, daß das an einem Werk entstandene Recht

([13]) Vergl. Richartz: Die Karlsruher Entscheidung vom 6.11.1953, in GEMA-Nachrichten, Heft 19, Seite 9 ff.

fünfzig Jahre nach dem Tode aufhören soll zu existieren.(14)

Gerade das Urheberrecht erlaubt nämlich keine zeitliche Begrenzung. Einmal, weil die Persönlichkeitsrechte des Künstlers in seinem Werk fortleben, solange das Werk existiert und dann, weil es keine Begründung dafür gibt, daß Werknutzungsrechte jemals „gemeinfrei" werden.(15)

Man kann nicht einwenden, daß im Interesse des Künstlers ein weiterer Schutz nicht notwendig sei. Legt denn nicht der Aktienbesitzer oder Bergwerkseigentümer, kurz jeder Rechtsinhaber, Wert auf zeitlich unbeschränkte Nutzung seiner Rechte?! Der wirtschaftliche Wert von Rechten hängt doch nicht zuletzt davon ab, auf wielange dieselben genutzt werden können.

Nun wurde zur Begründung der begrenzten Schutzfrist früher von den Urheberrechtlern in heute doch wohl etwas überholten Rechtskonstruktionen immer wieder geltend gemacht, daß das Schaffen der Künstler im besonderen Maße auf demjenigen aufbaue, was andere vor ihnen geschaffen hätten, daß darum den schaffenden Künstlern eine zeitliche Begrenzung ihrer Rechte zugemutet werden könne, daß ohne solche Begrenzung des Urheberrechts eine Fortentwicklung der Kunst nicht möglich sei und daß darum die Künstler ihre Gedanken und Arbeiten nach einer bestimmten Zeit der Nachwelt sozusagen kostenlos zur Verfügung zu stellen hätten.

Diese Einwände sind ebenso alt, wie sie häufig ohne Überprüfung abgeschrieben wurden. Sie sind aber dadurch nicht überzeugender geworden. Jeder, der schöpferisch arbeitet oder auch nur Handel treibt, baut nämlich bei seiner Arbeit auf dem auf, was die Vorgänger vor ihm schufen. Schafft er sich ein Vermögen — sei es groß oder klein — so verbleibt es ihm und seinen Nach-

(14) Portugal und Kolumbien haben bereits ein ewiges Urheberrecht.

(15) Vergl. Overath: Musik als geistiges Eigentum, Seite 37. Hubmann: Das Recht des schöpferischen Geistes, Berlin 1954, de Gruyter, Seite 152.

kommen. Nur wenn es in einem Urheberrecht besteht, dann soll die Nutzungsmöglichkeit beschränkt werden?! Das kann doch nicht richtig sein, daß der Künstler hinsichtlich des Urheberrechts schlechter gestellt wird als jeder andere Inhaber eines Rechtes vermögensrechtlicher Art. Die Musikschöpfer wollen nicht länger ihr persönlichstes Recht, nämlich ihr künstlerisches und materielles Urheberrecht an den von ihnen geschaffenen Werken, schlechter durch den Gesetzgeber geregelt sehen als gewöhnliche Eigentumsrechte.

Ausgerechnet den Urhebern hat der Gesetzgeber bis heute eine zeitliche Begrenzung der Rechte an den von ihnen selbst geschaffenen Werken auf 50 Jahre nach dem Tode zugemutet. Die unter einem Grundstück gefundene Kohle, zu deren Entstehung der Grundstückseigentümer aber auch gar nichts beigetragen hat, die soll ihm auf ewige Zeiten gehören — und die Rechte der Urheber an ihren Werken sollen auf 50 Jahre nach dem Tode beschränkt werden!? Das begreife, wer kann. Das geistige Eigentum ist ja demjenigen, der es schafft, in ganz besonderem Maße „eigentümlich". Nur durch ihn wurde es geschaffen und nur durch ihn konnte es geschaffen werden! Wenn irgendein schaffender Mensch beanspruchen kann, daß er den Nutzen von seiner Arbeit und seinem Werk hat — und das suum cuique ist ja doch allgemein anerkannt — dann stehen doch den Musikschöpfern auch die Früchte ihrer Arbeit zu. Schließlich erben die Musikschöpfer ihre Werke nicht, sie kaufen sie auch nicht, sondern sie schaffen sie selbst und aus eigener Kraft. Die Musikschöpfer wollen daher hoffen, daß die Erkenntnis, daß sie und nur sie das Recht an dem von ihnen Geschaffenen besitzen, immer mehr Verbreitung findet und daß das Bewußtsein, daß das von Urhebern geschaffene Geistesgut in besonderem Maße ihr Eigentum ist, schließlich bei denen, die das neue Urheber-Gesetz zu machen haben, zum Ausgangspunkt ihrer kultur- und rechtspolitisch so weittragenden Entscheidung wird.

An dieser Stelle muß einmal mit den Märchen von der besonderen Sozialgebundenheit des Urheberrechts aufgeräumt werden.(16) Es ist kaum verständlich, wie in der Rechtsliteratur und selbstverständlich in der Polemik gegen ein besseres Urheber-Gesetz immer wieder dieser Begriff auftaucht und ohne Prüfung übernommen wird. Vielmehr ist es die Allgemeinheit, die den Musikschöpfern sich besonders verpflichtet fühlen muß.(17)

Es ist eine erstaunliche Tatsache, daß die Notwendigkeit so spät erkannt worden ist, die Urheber und ihr geistiges Eigentum gesetzlich zu schützen. Seit Jahrtausenden ist das Recht am materiellen Eigentum in jeder Hinsicht geregelt worden und die Folge davon ist, daß die vielfältigen Bestimmungen über das Recht am materiellen Eigentum jedem einzelnen Menschen sowie der Gemeinschaft bewußt sind. Die Rechtsordnung, die das Zusammenleben der Menschen ermöglicht, baut geradezu auf dem Recht am persönlichen Eigentum auf. Um das Eigentumsrecht kreisen die übrigen Rechte wie um eine zentrale Sonne.(18) Dieses Eigentum zu schützen und diejenigen zur Rechenschaft zu ziehen, die sich im Sinne des bürgerlichen Rechts oder des Strafrechts gegen die Vorschriften vergehen, ist eine der wichtigsten Aufgaben, die den Staatsorganen gestellt sind. Hat das geistige Schaffen und haben nicht die Urheber Anspruch

---

(16) Auch das Recht der Urheber unterliegt wie jedes andere Eigentumsrecht oder eigentumsähnliche Recht einer Sozial-Bindung, aber keinesfalls einer stärkeren Sozial-Bindung. Vergl. auch die Feststellung von Lehmann in der 7. Auflage seines Lehrbuches Allgemeiner Teil des Bürgerlichen Gesetzbuches, 1952, Walter de Gruyter, Seite 2, daß unter der Herrschaft des Nazitums die falsche Auffassung vertreten worden sei, es habe alles Recht nur dem Gemeinwohle zu dienen, und daß durch diese Überspannung des Gemeininteresses die Belange der Einzelpersönlichkeit mißachtet worden seien.

(17) Vergl. Overath: Musik als geistiges Eigentum, Seite 38.

(18) So mein berühmter Lehrer Heinrich Lehmann in seinen Vorlesungen.

auf den gleichen Schutz? Haben denn die Verwaltungsbehörden nicht die Pflicht einer umfassenden Amtshilfe gegenüber den Musikschöpfern, die gewillt sind, sich aus eigener Kraft zu erhalten und die dazu auch befähigt sind, wenn man sie nur teilnehmen läßt an dem Schutz, den der Staat allen gleichmäßig zu gewähren verpflichtet ist?!

Es ist noch nicht allzu lange her, da konnte man sich Komponisten und Dichter nur in einer Dachkammer arbeitend und frierend vorstellen. Ja, auch heute gibt es noch Leute, die glauben machen wollen, daß das Hungerleiden die schaffenden Künstler zu besonders großartigen Arbeiten befähigt. Wer darum weiß, wie schwer ein Künstler um jedes seiner Werke ringt, und wenn er dann eines zustande gebracht hat, wiederum einen ihn oft verzehrenden Kampf durchstehen muß, um das Werk durchzusetzen, der wird leicht einsehen, daß der Künstler heutzutage auf den Lohn für seine Arbeit angewiesen ist wie jeder andere Arbeiter auch. Dabei schafft der Künstler im Gegensatz zu anderen ohne die Sicherheit, den Lohn für seinen Fleiß und sein Talent zu finden. Bei der oft jahrelangen, nicht honorierten Vorleistung, die der Urheber in sein Werk steckt,(19) muß ihm das Seine zugesprochen werden wie keinem andern Arbeiter oder Eigentümer, wenn er mit einem Werke dann endlich zum Zuge kommt.

Mangels eines Urheberschutzes haben sich in früheren Zeiten die Musikschaffenden nicht anders zu helfen gewußt, als daß sie sich konzertierend ihren Lebensunterhalt verdienten. In keinem andern Beruf aber war es so selbstverständlich, daß man sich die Mittel zum Lebensunterhalt anderweitig erwerben mußte; nur bei den Musikschöpfern nahm man das jahrhundertelang als selbstverständlich hin. Dabei ist die Begabung, ein Instrument gut spielen zu können, sehr verschieden von der Begabung, Kompositionen zu schaffen. Wie mancher

(19) Vergl. die Ausführungen des hessischen Kultusministers Arno Hennig, in GEMA-Nachrichten, Nr. 18, Seite 24.

hochbegabte Komponist mag der Welt verlorengegangen sein, nur darum, weil er nicht gleichzeitig ausübender Musiker war und dadurch überhaupt erst existenzfähig. Wie mancher Komponist oder Dichter mag aber auch von vornherein trotz seiner Begabung und seiner Berufung für die Kunst durch die besondere Unsicherheit, die ein schaffender Künstler auf sich zu nehmen und noch heutzutage gegenüber anderen Berufen auf sich zu nehmen hat, von dem Schaffen abgehalten worden sein, zu dem er — und nur er! — berufen war.[20]

Auch heute noch müssen sich die schaffenden Künstler meist durch einen sogenannten Brotberuf ernähren und können daher nur nebenher der Kunst dienen. Schließlich möchte auch der schaffende Künstler sich aus seiner Arbeit den Lebensunterhalt bestreiten, eine Wohnung halten, eine Familie gründen und vielleicht sollte es gerade dem schaffenden Künstler vergönnt sein, eine Reise zu machen und an den Annehmlichkeiten des Lebens Anteil zu haben. Die Werke eines Komponisten oder Dichters sind ja von vornherein nicht für ihn allein bestimmt, sondern in geradezu einzigartiger Weise für die Allgemeinheit. Und bei solcher Sachlage kamen die Urheberrechtler zu dem einseitigen Schluß, die Werke der Literatur und Tonkunst wären in besonderem Maße sozialgebunden! Sie irrten und haben dadurch den Urhebern, besonders den Musikschöpfern, nicht gutzumachenden Schaden getan. Die Lehre vom Urheberrecht darf auf keinen Fall länger eine Lehre gegen die Urheber sein. Wenn man vom Urheberrecht spricht, dann muß man auch das Recht der Urheber meinen und nicht die Lehre von Rechtskonstruktionen, die es erlauben, die Urheber um das Ihrige zu bringen. Und man will die Komponisten um das Ihrige bringen, wenn man hinter-

(20) Vergl. Overath: a. a. O., Seite 33.

hältigerweise von einer besonderen Sozialgebundenheit der Urheberrechte spricht.

Richtig ist aber doch dieses: Je weniger ein Eigentümer zur Schaffung seines Eigentums persönlich beigetragen hat, um so stärker ist seine soziale Verpflichtung bei der Nutzung seines Eigentums gegenüber der Gemeinschaft. Am stärksten wird auf die Sozialfunktion von Eigentum gesehen werden müssen, wenn einer an der Schaffung des Eigentums überhaupt nicht oder doch nur durch Hergabe von Geld beteiligt ist wie Erbgang und Ersitz oder auch Kauf. Je mehr aber einer Eigentum selber schafft, also durch eigene Leistung, um so mehr darf er dieses Eigentum in seinem Interesse und dem der Seinen auswerten.

Und nun passiert den Musikschöpfern, den im wahrsten Sinne Eigentümern des von ihnen Geschaffenen, folgendes Unerhörte: Kleine Gruppen von Interessenten, die in bestimmten Musikbereichen Musik verwerten, behaupten auf einmal, sie wären die Öffentlichkeit, sie stellten die Allgemeinheit dar, sie seien die Repräsentanten des Gemeinwohls. Inwiefern sind Leute, die mit Musik Geschäfte machen wollen, die Allgemeinheit?! Diese Kreise wollen nur eines: Sie wollen Musik gewerblich benutzen, aber eines wollen sie nicht, nämlich die Musikschöpfer an ihrem gewerblichen Nutzen beteiligen. Verzichten etwa die Konzert- oder Theaterveranstalter, die Interpreten oder Verleger bei sogenannter „gemeinfreier“ Musik auf ihren Gewinn? Waren die Eintrittskarten oder Noten deshalb entsprechend billiger, weil „gemeinfreie“ Musik aufgeführt oder gedruckt wurde?! Wurde nicht unter Berufung darauf, daß es ja genug „gemeinfreie“ Musik gäbe, die Entschädigung für die zeitgenössische Musik stets in kulturschädigender Weise gedrückt — und das nicht etwa nur durch private Konzert- und Theaterveranstalter, sondern genau so durch staatliche und städtische Stellen?!

Nein, der Entschädigungsanspruch der Musikschöpfer ist ein elementares Recht, um das sie nicht länger betrogen werden wollen. Auch nicht durch eine auf falscher Grundlage aufgebaute Gesetzgebung. Es gibt kein Grundgesetz, das es erlauben würde, Musikschöpfer länger zu verhindern, über ihre Werke so zu verfügen, wie sie es für richtig halten und wie sie ihre Rechte in künstlerischer und in wirtschaftlicher Hinsicht verwaltet wissen wollen. Aber der Staat hat die Pflicht, den Urhebern — und es kann nicht oft genug darauf hingewiesen werden, daß sie selber und aus sich heraus schaffen — das gleiche Maß von Rechtsschutz zu gewähren, den jeder andere Bürger für sein Arbeiten, Schaffen und Eigentum genießt.

Ist es nicht grotesk, daß Häuser, Geschäfte, Wohnungen und Felder geschützt werden und nicht nur durch Gesetze und Verordnungen, sondern sogar durch Polizei, und daß sich derselbe Staat und dieselbe Polizei oft genug weigern, am Schutze des geistigen Eigentums mitzuwirken? Der gleiche Gastwirt, der sich nicht genug über Zechprellerei entrüsten kann, dieser Gastwirt soll kein Gefühl dafür haben, daß er Musikprellerei begeht, wenn er ohne Einwilligung des Urhebers Musik aufführen läßt? Wenn nun aber die Musikschöpfer, um überhaupt zu ihrem Gelde zu kommen, das ihnen für die Hergabe der Aufführungsrechte zusteht, sich in einer Gesellschaft für musikalische Aufführungs- und mechanische Vervielfältigungsrechte (GEMA) zusammengeschlossen haben, dann beschäftigt man sich eingehend damit, ob dadurch nicht vielleicht ein Kartell gebildet wurde oder sonst ein die Allgemeinheit gefährdender Zusammenschluß stattgefunden hat.(21) Da haben urheberfeindliche Leute ernsthaft gefordert, die GEMA aus diesem Grunde unter staatliche Aufsicht zu stellen — nicht etwa zum Zwecke der besseren Staatshilfe für die Musikschöpfer! Als ob es nicht Lebens-

(21) Vergl. Nipperdey: Neue Juristische Wochenschrift 53, 881 ff.

bereiche gäbe, die der staatlichen Aufsicht dringlicher harrten, als ausgerechnet die Auswertung des Musikschaffens! Wäre es dann nicht richtiger, etwa die Tabakindustrie unter Staatsaufsicht zu stellen oder die Preise für Automobile zu kritisieren oder zu kontrollieren? Wäre es nicht dem Allgemeininteresse dienlicher, wenn die Regierung sich lieber um Schäden kümmerte, die den Menschen durch die Verbrennungsgase der Kraftfahrzeuge werden?! Oder durch die Ausdünstung der Industrieöfen oder durch den Verkehrslärm?!

Bei einer Reform des Urheber-Gesetzes kann das Urheberrecht nicht anders verstanden werden als ein Urheber-Schutzrecht.(22) Das großzügige und nicht mehr wegzudenkende Arbeitsrecht — auch zum Schutze arbeitender Menschen erdacht — wurde so, wie wir es heute kennen, durch die Industrialisierung veranlaßt. So hat die Technisierung der Musik auch bei dem entscheidenden Kampf für das Recht der Musikschöpfer den Anstoß gegeben. Betrachtet man unter diesem Gesichtspunkt und im Hinblick auf die oben umrissenen Forderungen an das neue Musik-Urheberrecht das noch geltende Gesetz, so sind die Rechte der Urheber und besonders der Musikschöpfer durch einzelne Bestimmungen derartig durchlöchert worden, daß die Bezeichnung „Gesetz zum Schutze von Werken der Literatur und der Tonkunst" geradezu als empörend erscheint. An einem Beweis für diese Behauptung soll es nicht fehlen, indem wir nun ein paar Zwangslizenzen, die in dem noch heute geltenden Gesetz von 1901/1910 den deutschen Musikschaffenden zugemutet werden, herausheben.

§ 22 LitUrhG

sieht eine Zwangslizenz vor, falls einem Hersteller die Erlaubnis gegeben wurde, das Musikstück zum Zweck der mechani-

(22) Vergl. Spengler: Untergang des Abendlandes, München 1922, der es als eine Aufgabe der Zukunft bezeichnet, „aus dem praktischen Leben der Gegenwart dessen tiefste Prinzipien zu entwickeln und sie zu grundlegenden Rechtsbegriffen zu verwenden"!

schen Wiedergabe zu vervielfältigen. Diese Bestimmung entrechtet die Musikschöpfer zugunsten der Industrie. Ein Komponist kann doch künstlerisch und materiell daran interessiert sein, daß sein Werk nur bei einer bestimmten Schallplattenfirma erscheint! Diese Bestimmung widerspricht zweifellos den einschlägigen Artikeln des Grundgesetzes, und man muß sich heute noch fragen, wie man es fertig bringen konnte, daß eine solche Bestimmung ausgerechnet in ein Gesetz zum „Schutze" von Werken der Tonkunst aufgenommen wurde.([23])

Gleichzeitig müssen auch die den § 22 ergänzenden Paragraphen 22 a, b und c entfallen. Insbesondere kann § 22 a heutzutage keine Gültigkeit mehr haben, nachdem die technische Entwicklung es inzwischen erlaubt, von Tonträgern eine so vollendete Wiedergabe von Musikwerken zu bringen, daß sie — sehr im Gegensatz

([23]) Die Bestimmung des § 22 Absatz 1 hat sich im übrigen für die Schallplattenindustrie selbst sehr schädlich ausgewirkt. Eine Schallplattenfirma, die gewillt wäre, für das Schaffen eines bestimmten Komponisten oder auch nur für ein bestimmtes Werk besondere Aufwendungen zu machen, wird sich hierzu niemals bereit finden, weil jede Konkurrenzfirma die Werke des betreffenden Komponisten oder das einzelne Werk auf Grund des § 22 Absatz 1 ebenfalls aufnehmen und damit die wirtschaftliche Grundlage für eine besondere Aufwendung in Frage stellen kann.

Eine weitere verderbliche Folge des § 22 Absatz 1 ist die, daß die Kataloge der Schallplatten-Firmen sich in wenig sinnvollem Ausmaß ähneln und sich eigentlich nur noch durch die für die Aufnahme des Werkes verpflichteten ausübenden Künstler unterscheiden. Aber ist es nicht ein Unsinn, daß die Schallplatten-Firmen zwar ausübende Künstler exklusiv verpflichten können, daß aber die unhaltbare Vorschrift des § 22 Absatz 1 den Schallplatten-Firmen nicht erlaubt, das Werk eines „Urhebers" exklusiv zu erwerben!?

Der § 22 Absatz 1 ist nicht wenig daran schuld, daß die musikschaffenden Künstler in eine künstlerische und wirtschaftliche Abhängigkeit geraten sind, die nicht länger verantwortet werden kann. Damit ist in keiner Weise etwas gegen die ausübenden Künstler gesagt; es muß aber erreicht werden, daß es der Musikschöpfer ist, der bestimmt oder jedenfalls mitbestimmt, wer sein Werk aufnimmt.

Vergl. auch Schulze in GEMA-Nachrichten 1950, Heft 6, Seite 28, der in Zwangs- und gesetzlichen Lizenzen eine Enteignung der Urheber sieht.

zu den früheren Phonographen — lebende Musik ersetzen kann.

§ 24 LitUrhG

bezieht sich auf die abzulehnenden §§ 19—23 und bestimmt sehr widerspruchsvoll, daß bei der mechanischen Vervielfältigung an den Wiedergabeteilen „keine Änderung" vorgenommen werden darf, andererseits wird der Industrie sogar erlaubt — und zwar von Gesetzes wegen! —, daß, soweit der Zweck der Wiedergabe es erfordere, Übersetzungen eines Schriftwerkes und solche Bearbeitungen eines Werkes der Tonkunst gestattet sein sollen, die „nur" Auszüge aus dem betreffenden Werk oder Übertragungen in eine andere Tonart oder Stimmlage oder „Einrichtungen" für die in § 12 bestimmten Instrumente (Instrumente, die der mechanischen Wiedergabe für das Gehör dienen) darstellen. Die hier ausgesprochene Erlaubniserteilung muß in einem modernen Urheberrecht doch unbedingt beim Schöpfer des Werkes liegen, der von Fall zu Fall das Recht behalten muß, seine Erlaubnis zu geben oder zu verweigern. Eine generelle Erlaubniserteilung sollte nicht möglich sein.

§ 26 LitUrhG

erteilt dann gleich von Gesetzes wegen die Erlaubnis, daß ein Werk, das nach den §§ 16—24 LitUrhG „ohne Einwilligung" der Schöpfer vervielfältigt werden darf, auch noch ohne deren Zustimmung öffentlich aufgeführt werden kann. Eine Regelung also, welcher kein moderner Urheberrechtler weiterhin zustimmen kann.([24])

([24]) Inzwischen ist die Entscheidung des Karlsruher Bundesgerichtshofes vom 6. 11. 1953 ergangen, nachdem Erich Schulze durch seine Schriften „Das deutsche Urheberrecht an Werken der Tonkunst und die Entwicklung der mechanischen Musik", Berlin 1950, und „Urheberrecht in der Musik und die deutsche Urheber-

Wenn die Musikschöpfer fordern, daß die Mechanisierung der Musik nicht zu ihrem Nachteil ausschlage, wenn sie fordern, daß sie an allen Musikdarbietungen, die durch Apparate erfolgen, ihren entsprechenden Nutzen haben, so rechnen sie mit Sicherheit auf die Unterstützung der ausübenden Musikerschaft. Die ausübenden Musiker haben nämlich mit Recht ihren Vorwurf gegen den Zustand erhoben, daß zum Beispiel ein Gastwirt, wenn er Schallplatten spielt oder Rundfunkdarbietungen in seinem gewerblichen Betrieb durch Lautsprecher überträgt, keine Aufführungsgebühren zu zahlen braucht, dagegen dann, wenn er Musiker beschäftigt, Aufführungsgebühren zu zahlen habe. Sind, was wir für selbstverständlich ansehen, in Zukunft alle Aufführungen in einem gewerblichen Betrieb gebührenpflichtig, so bildet die mechanische Musik zwar immer noch genug Konkurrenz für die Musiker, aber jedenfalls tragen dann die deutschen Komponisten und Textdichter nicht mehr zu diesen Benachteiligungen bei. Die Aufführungstantiemen für mechanische Musik sollten keinesfalls niedriger sein als für lebende Musik. Das ist es jedenfalls, was die ausübenden Musiker von den Musikschöpfern erwarten.(25)

§ 15 (2) LitUrhG

Die damals gemeinte „Vervielfältigung zum persönlichen Gebrauch“ hat nur das Abschreiben von Noten betroffen. Die heutige technische Entwicklung gestattet aber zum Beispiel Aufnahmen von Rundfunksendungen im eigenen

---

rechtsgesellschaft“, W. de Gruyter, Berlin 1951, einen entscheidenden Beitrag zu dieser Frage geliefert hatte. Vergl. Möhring: Schallplattenmusik und Lautsprecher, NJW 1954, Heft 8, Seite 296 ff., Aldenhoff: Die GEMA im Kampf um das Urheberrecht, GEMA-Nachrichten Nr. 19, Seite 5 ff., Richartz: a. a.O., Seite 9. Die Karlsruher Entscheidung vom 6. 11. 1953.

(25) Der deutsche Musikerverband im Deutschen Gewerkschaftsbund (DGB) hat sich in jüngster Zeit tatsächlich an den Deutschen Komponisten-Verband und an die GEMA gewandt und eine solche Gestaltung der Aufführungstantiemen verlangt.

Heim und deren unbeschränkte häufige Wiedergabe, also eine richtige Aufführung. Die Erlaubnis zu solchen und ähnlichen Vorgängen muß aber dem Komponisten selbst vorbehalten bleiben; sie kann keineswegs in der Abgeltung einer monatlichen Rundfunkgebühr enthalten sein. Wenn im LitUrhG überhaupt das freie Recht häuslichen Musizierens([26]) stipuliert wurde, so doch mit dem kulturpolitischen Ziel, aus Hausmusiktreibenden die künftigen Konzertbesucher, Opernfreunde, Schallplattenkäufer und andere zu gewinnen. Diese Absicht des Gesetzgebers, die ja im wohlverstandenen Interesse der schöpferischen Musiker lag, würde jedoch in das Gegenteil verkehrt, wenn man die einschlägigen Bestimmungen ohne weiteres auf die heutigen Möglichkeiten, Musik im eigenen Heim mit technischen Mitteln aufzunehmen und unbeschränkt wiederzugeben, ausdehnen wollte.

Entfällt aber der Zweck, nämlich die Förderung des eigenen häuslichen Musizierens, so ist überhaupt kein Grund mehr vorhanden, daß die Musikschöpfer von Gesetzes wegen ihre Werke zur Aufnahme im eigenen Heim unentgeltlich zur Verfügung stellen sollen. Niemand kann wollen, daß alle möglichen Interessenten durch die Technisierung der Musik — man mag sie bejahen oder bedauern — Nutzen ziehen sollen, nur nicht die Musikschaffenden selbst.

([26]) Das Recht der „freien Benutzung“ von wissenschaftlichen und politischen Schriftwerken in den bisherigen Grenzen erscheint vertretbar. Dagegen gibt es keine Begründung für „freie“ Musikbenutzung beim „häuslichen Musizieren“. Beim Kauf der Noten erwirbt man vielmehr das Aufführungsrecht zum häuslichen Musizieren mit. Es ist also der Preis für die Noten so bemessen, daß darin ein bescheidenes Entgelt für den Musikschöpfer einbegriffen ist, und zwar für die Hergabe des Druckrechtes wie auch für die Aufführung in der „privaten Sphäre“. Bei einem Gebrauch der Noten zu Aufführungen außerhalb der häuslichen Sphäre, insbesondere zu Erwerbszwecken, ist die Aufführungstantieme in den Preis nicht einkalkuliert. Vergl. Seite 29, Fußnote 30. Die Musikschöpfer behalten sich zudem ausdrücklich das Recht zur öffentlichen Aufführung vor, was in ihr Belieben gestellt sein muß.

§ 13 LitUrhG

sieht die freie Benutzung eines Werkes für zulässig an, wenn dadurch eine „eigentümliche Schöpfung" hervorgebracht wird. Diese Bestimmung muß ebenfalls als unzeitgemäß angesehen werden. Will ein Komponist das Thema eines fremden Werkes einer eigenen Arbeit zugrunde legen, so ist es nicht mehr als billig, daß er sich mit dem betreffenden Komponisten dieses Themas in Verbindung setzt. Der Komponist des Originalthemas muß dagegen gesichert sein, von unberufener Seite „variiert" zu werden. Er kann und wird zumeist geradezu ein Interesse daran haben, nicht „variiert" zu werden und sein Thema nicht einem neuen „eigentümlichen" Werk zugrunde gelegt zu sehen.

Hingegen kann auf den Melodieschutz des § 13 (2) LitUrhG und seine besondere Erwähnung im neuen Gesetz keinesfalls verzichtet werden. Eine ausdrückliche Erweiterung des Schutzes auf die sogenannten musikalischen Themen und musikalischen Motive ist vielmehr nach der Entwicklung, die die Musik genommen hat, geboten.

§ 14 (Punkt 3) LitUrhG

sieht gegenüber dem Vorbehalt der Bearbeitungsrechte, die natürlicherweise beim Urheber sind, diese untragbare Ausnahme vor: Von Gesetzes wegen (!) — kaum zu begreifen — wurde die Übertragung eines Musikstückes in eine andere Tonart oder Stimmlage, ja sogar ein Auszug aus einem Werk erlaubt. Es ist selbstverständlich, daß die Interessenten — also meist die Verleger oder Aufführenden — die Erlaubnis der Schöpfer zu solchen Veränderungen von Fall zu Fall einholen müssen. Eine bisher in den Verlagsverträgen übliche summarische Erlaubnis sollte auch unstatthaft sein.

§ 19 (Punkt 3) LitUrhG

bestimmt die Zwangserlaubnis für Textsammlungen, wenn die Texte von einer größeren Anzahl von Textdichtern stammen und wenn die Sammlung ihrer Beschaffenheit nach zur Benutzung bei Gesangsvorträgen bestimmt ist. Diese Bestimmung kommt ausschließlich den Verlegern solcher Sammlungen zugute. Hier ist wieder ein Beispiel mehr, wo Interessenten etwas aus den Rechten der Musikschöpfer zugeschanzt wurde, noch dazu ohne Gegenleistung und ohne jeden vernünftigen Grund. Warum sollen dann die Textdichter und Komponisten von Gesetzes wegen an einer Beteiligung aus derartigen Einkünften verhindert sein?!

§ 20 LitUrhG

sieht die Komponierfreiheit der Texte vor, soweit sie nicht ihrer Gattung nach zur Komposition bestimmt sind. Diese für die Komponisten freundliche Bestimmung sollten die Komponisten aus Ehrfurcht und Achtung vor dem geistigen Eigentum anderer zugunsten der Textdichter nicht annehmen. Es entspricht vielmehr der Billigkeit, daß der Komponist, der einen nicht freien Text zu vertonen wünscht, die Erlaubnis hierfür beim Dichter erwirken muß, wobei dann der Komponist seinerseits wieder dem Dichter gegenüber die Bedingung stellen kann, daß er ein ausschließliches Recht zur Komposition zu erlangen wünscht.

§ 19 (Punkt 4) zusammen mit § 21 (Punkt 3) LitUrhG

bestimmen, daß die Komponisten und deren Textdichter ihre Vervielfältigungsrechte in bestimmtem Umfang für Kirchen-, Schul- oder Unterrichtsgebrauch oder zu einem eigentümlichen literarischen Zweck (?!) zur Verfügung stellen müssen und zwar sogar unentgeltlich.(27) Hier ist zu bedenken, daß die Herausgeber und Verleger dieser Unterrichtsliteratur in

(27) Vergl. Ermecke a. a. O., Seite 29.

vielen Fällen sehr gut verdienen. Da es den Papierlieferanten, Druckern, Herausgebern, Verlegern und Buchhändlern nicht zugemutet wird, ihre Leistungen für Unterrichtszwecke kostenlos zur Verfügung zu stellen, hätte man ein solches Ansinnen schon gar nicht an die schöpferischen Menschen stellen und ein solches Unrecht fünfzig Jahre lang durchführen dürfen. Es ist völlig unsozial, die Musikschöpfer zu derartigen Leistungen ohne Entgelt von Gesetzes wegen zu zwingen, wenn alle anderen Bezahlung für Volksbildungsarbeit erhalten.

§ 27 (1) LitUrhG

bestimmt, daß „öffentliche Aufführugen" von erschienenen Musikwerken ohne Einwilligung des Komponisten — und ohne Entgelt für ihn! — aufgeführt werden dürfen, wenn diese Aufführungen keinem gewerblichen Zweck dienen und die Hörer unentgeltlich zugelassen werden. Eine den Musikschöpfern feindlichere Bestimmung kann es gar nicht geben, zumal dann noch folgende Arten von Aufführungen als „tantiemefrei" erklärt werden:

a) Aufführungen bei „sogenannten Volksfesten", bei denen sonst alle Beteiligten einschließlich der Steuerbehörden erheblich zu verdienen pflegen.([28])
b) „Wohltätigkeitsveranstaltungen", bei denen die Mitwirkenden keine Vergütung erhalten. Der Verzicht der Mitwirkenden ist aber freiwillig. Dagegen sollen die Musikschöpfer vom Gesetzgeber gezwungen werden, wohltätig zu sein?! Die Musikschöpfer möchten freiwillig wohltätig sein dürfen und verbitten sich eine derartige, sie herabsetzende Behandlung durch ein Spezialgesetz.
c) „Interne Vereinsveranstaltungen", bei denen die Vereinsmitglieder alles bezahlen müssen und können, bei denen ihnen aber von Gesetzes wegen die Musik

([28]) Man denke nur einmal an die ausgesprochenen Vergnügungsindustrien, in Köln an den Karneval und in München an Fasching und Oktoberfest.

— dazu noch unentgeltlich — durch Zwangslizenz zur Verfügung gestellt wurde. Wenn der Gesetzgeber schon die Absicht hat, das besonders in Deutschland so sehr daniederliegende Vereinswesen zu fördern, so sei ernsthaft vorgeschlagen, daß die Vereine statt lizenzfreier Musik von Gesetzes wegen das Recht auf freien Bezug von Zigaretten und Alkohol oder doch wenigstens auf steuerfreie Zigaretten oder Alkohol erhalten.

d) Musikaufführungen, die durch Militärkapellen erfolgen, oder Musikaufführungen, die im Rahmen kirchlich-liturgischer Feiern stattfinden. Daß diese Art von Veranstaltungen ebenfalls dem Recht der Schöpfer entzogen sein soll, muß gleichfalls als unzeitgemäß angesehen werden. Ist es selbstverständlich, daß eine Militärkapelle die Instrumente, die sie bei der Aufführung benutzt, zu bezahlen hat, dann muß auch den Komponisten selbstverständlich eine Gebühr für die Hergabe der Aufführungsrechte zugestanden werden. Und wenn für das bei Gottesdiensten verbrauchte Licht an das Elektrizitätswerk Gebühren zu zahlen sind, kurz, wenn die Kirche für alles, was gebraucht wird, bezahlt, dann stehen doch den Komponisten ebenso sicher Entgelte für die stattgefundenen Aufführungen zu. Mit dem Kauf der Noten — das sei hier ausdrücklich festgestellt — ist die Aufführung nicht abgegolten.([29])

Die Unhaltbarkeit des § 27 (1) LitUrhG kann übrigens nicht besser illustriert werden als durch folgenden Absatz 2 desselben Paragraphen, der bühnenmäßige Aufführungen einer Oper oder eines sonstigen Werkes der Tonkunst, zu welchem ein Text gehört, von jeder Zwangslizenz ausnimmt.

Im übrigen: Was nichts kostet, ist meist auch wenig wert. Es ist doch geradezu ein Wunder, daß sich immer

([29]) Daß dies in Zukunft anders sein wird, darauf deutet schon der Vertrag hin, den die katholische Kirche auch für gottesdienstliche Musik mit der SUISA, der schweizerischen GEMA, abgeschlossen hat.

noch Musikschöpfer fanden, die ihr Talent in den Dienst der Kirchenmusik stellten, obwohl sie wußten, daß sie für die Aufführung der Kirchenmusik nicht mit Aufführungsgebühren rechnen konnten.([30]) Ist es nicht durchaus verständlich, daß die besten schöpferischen Kräfte sich lieber anderen Musikzweigen zugewandt haben?

Auch sonst findet sich im bisherigen Urheberrechtsgesetz eine Reihe von Bestimmungen, die einer Verbesserung bedürfen:

§ 1 (1, Punkt 2) LitUrhG

spricht von „Werken der Tonkunst“, eine Formulierung, die nicht den Absichten des Gesetzgebers entspricht. Die Bezeichnung „musikalische Werke“ ist wohl zweckentsprechender. Ferner gebührt im kommenden Urheberrechtsgesetz der höchste Schutz den Original-Werken. Selbstverständlich müssen auch Bearbeitungen, soweit es sich um „eigenschöpferische Leistungen“ handelt, deren Grenzen jedoch auf Grund der in den letzten fünfzig Jahren gemachten Erfahrungen irgendwie eindeutig festgelegt werden sollten, einen ausreichenden Schutz erhalten. Kompilatorische Arbeiten, soweit sie urheberrechtlich schützenswert erscheinen, sollten deutlich genug abgehoben werden von den viel stärker zu schützenden Originalwerken.

Nach § 8 LitUrhG

geht das Recht des Urhebers auf die Erben über. Aus dem Künstler-Persönlichkeitsrecht heraus sollte sich die Vererbbarkeit aber auf die materiellen Rechte beschränken. Veränderungen an einem Werk dürfen nach dem Tode des Komponisten auch während der Dauer der 50jähri-

([30]) Bei der Anschaffung von Noten können in den Kaufpreis die Aufführungsgebühren nicht eingerechnet werden, weil die Anzahl der Aufführungen nicht abzusehen ist und auch derjenige, der die Noten zu privaten Zwecken anschafft, also nur zu einem beschränkten Gebrauch, für diejenigen, die einen erweiterten Gebrauch machen wollen, mitzubezahlen hätte.

gen Vererbbarkeitsfrist nicht erlaubt sein. Eine solche Regelung liegt nicht nur im Interesse des verstorbenen Schöpfers, der sich gegen Veränderungen seines Werkes durch die Erben nicht wehren kann, sondern sie hat diese Wirkung: Diejenigen musikalischen Werke, die mustergültig und „für ewige Zeiten“ aufgezeichnet sind, werden sich erhalten und zwar unverändert im Sinne des betreffenden Komponisten, die zeitgenössischen Komponisten dagegen erhalten durch den zwangsweise herbeigeführten Ausleseprozeß Platz für die eigenen Werke. Es ist hier nicht möglich, ausführlicher auf die begrüßenswerten Folgen einer solchen Ordnung einzugehen. Sie liegen für die Kenner und Liebhaber von Musik auf der Hand. Selbstverständlich sollte aber der Urheber testieren können, daß dieses oder jenes Werk verändert werden darf.

§ 12 (2, Punkt 5) LitUrhG

zeigt in seiner Formulierung eindeutig, daß die Verfügung darüber, ob die Musikschöpfer ihre Werke für Apparaturen, „die der mechanischen Wiedergabe für das Gehör“ dienen, freigeben wollen oder nicht, bei ihnen selbst verbleiben muß. Eine summarische Übertragung zum Beispiel in einem Verlagsvertrag sollte nichtig sein.

§ 32 LitUrhG

gestand tatsächlich einer „juristischen Person“ Urheberrechte zu. Urheberrechte sind aber an die Person des Schöpfers eines Werkes gebunden. Eine juristische Person kann sich Werknutzungsrecht übertragen lassen, denn sie ist nicht „Urheber“.([31])

Die erwähnten Zwangslizenzen und die anderen als Beispiele angeführten, die Musikschöpfer ohne vernünftigen Grund entrechtenden Bestimmungen sind nicht länger vertretbar. Die Musikschöpfer erwarten

([31]) Hier zeigt sich, wie hoch der Persönlichkeitswert des Urheberrechts anzuschlagen ist und daß dem geistigen Eigentum ein höherer Rang vor dem materiellen Eigentum zukommt.

im eigenen Interesse, aber auch im Interesse der Allgemeinheit, für die die Kunst der Musik und ihre Entwicklungsmöglichkeit so viel bedeutet, daß im Sinne der oben umrissenen Forderungen im neuen Musik-Urheberrecht ein grundlegender Wandel eintritt.

Es geht bei der Urheberrechts-Reform einzig und allein um die Rechte der Urheber und — soweit es sich um Musik-Urheberrechte handelt — um das Recht der musikschaffenden Künstler. Diese sehen dem ausgearbeiteten Referenten-Entwurf mit einigem Mißtrauen entgegen. Ist es zu glauben, daß zur Ausarbeitung eines Referenten-Entwurfes, bei dem es sehr wesentlich um die Musik-Urheberrechte geht, nicht ein einziger Musikschöpfer herangezogen worden ist!? Die Musikschöpfer haben zwar auf Grund eigener Initiative ihre Wünsche und Ansichten vorgetragen, aber damit ist keineswegs sichergestellt, daß diese auch berücksichtigt werden. Das Bundesjustizministerium hat sich also entschlossen, einen Referenten-Entwurf zu veröffentlichen, den die Urheber nicht kennen(32), und zwar zu dem offen zugegebenen Zweck, eine allgemeine Diskussion darüber durch die „interessierten Kreise“ herbeizuführen.

Das Bundesjustizministerium versteht dabei unter „interessierten Kreisen“ nicht etwa die Komponisten und Textdichter, die Bühnenschriftsteller und Bühnenkomponisten sowie die übrigen Dichter und Schriftsteller, nein, es meint unter „interessierten Kreisen“ neben dem oben umrissenen Urheber-Kreis alle diejenigen Leute, die am Gesetz interessiert sein könnten, diejenigen also *auch*, die Urheberrechte in Anspruch nehmen oder sogar gegen die Urheber ausnützen wollen.

Wer käme aber etwa, wenn er die Todesstrafe einführen wollte, auf den Gedanken, durch die Zuchthäuser zu gehen, um die präsumptiven Fallbeilkandidaten — und diese wären ja sehr interessiert — zu fragen, ob

(32) Meines Wissens kennen ihn nicht einmal die Mitglieder des Ausschusses für gewerblichen Rechtsschutz und Urheberrecht im Bundestag und ebensowenig die Mitglieder des Rechtsausschusses.

sie für die Wiedereinführung der Todesstrafe wären. Sie wären dagegen.

Eine Befragung der passiv interessierten Leute wäre überflüssig. Auch diejenigen, die bisher Musik ohne Entgelt für die Musikschöpfer mangels eines ausreichenden Schutzes verwerten konnten, werden bestimmt dagegen sein, nämlich gegen eine gerechte Neuordnung des Urheberschutzes. Sie werden auch weiterhin alles versuchen, um die Rechte der Musikschöpfer möglichst ohne Entschädigung nutzen zu können unter dem Vorwand, es gehe um das Gemeinwohl. Und wo es nicht anders geht, als daß der Urheber-Anspruch anerkannt werden muß, ruft man nach der „Staatsaufsicht". Eine Staatsaufsicht ist aber — das mögen sich jene gesagt sein lassen — auf jedem Gebiet des materiellen Eigentums und Besitzes eher am Platz als beim Recht der Urheber. Beim Sozialisieren beginne man dort, wo es um Milliardenwerte geht, die nicht in persönlicher Arbeit geschaffen wurden.

Als gewählter Sprecher der deutschen Musikschöpfer in Fragen des Urheberrechts erhebe ich erneut warnend meine Stimme. Man kann die Urheberrechtsreform nicht damit beginnen, daß man diejenigen, die keine Urheber sind, vorher durch das Bundesjustizministerium befragt, was rechtens ist. Wird nicht die solange erwartete Verbesserung des Urhebergesetzes von vornherein durch ein solches Verfahren geradezu unmöglich gemacht?! Werden nicht die Bundestagsabgeordneten in die Lage gebracht, das Gesetz unter dem Druck derjenigen Kreise zu beschließen, die das von den Urhebern, besonders von den Musikschöpfern Geschaffene wie bisher so auch in Zukunft gern vogelfrei sehen möchten, wenigstens in bestimmten Bezirken?!([33])

Ausgerechnet also diejenigen will das Bundesjustizministerium zur Kritik seines ängstlich geheimgehal-

([33]) Am unverständlichsten ist die Forderung, die Vereins-Veranstaltungen, „Volksfeste", Betriebsfeiern und andere Bereiche von der Musik-Tantieme-Pflicht freizustellen.

tenen und daher fast sagenumwobenen Referenten-Entwurfes aufrufen, die jahrzehntelang das Recht der schöpferischen Künstler bestritten haben oder mit den fadenscheinigsten Gründen einzuengen trachteten und die an der Bezahlung für die übriggebliebenen Rechte oft genug vorbeizuschleichen versuchten.

Zur Beratung eines neuen Urheberschutzgesetzes ist der Bundestag mit seinen Ausschüssen da. Die Aufgabe ist schwer genug für die Abgeordneten. Befassen sich doch selbst Juristen kaum mit einem solchen Spezialgebiet wie mit dem Recht der Urheber. Inwieweit die Initiative zur Gesetzgebung bei den Bundestagsabgeordneten oder bei den einzelnen Ministerien liegen sollte, möge hier nicht untersucht werden. Keinesfalls kann es aber die Aufgabe des Bundesjustizministeriums sein, eine Abstimmung zwischen den Urhebern und denen, die ihre Rechte nutzen wollen, herbeizuführen und damit dem Bundestag ein Gesetz vorzuschlagen, das sich schließlich darauf gründet, was die „interessierten Kreise" den Urhebern zugestehen möchten. Videant Consules!([34])

([34]) Nach Fertigstellung dieses Beitrages kommen dem Verfasser die „Referenten-Entwürfe zur Urheberrechtsreform", veröffentlicht durch das Bundesjustizministerium, zu Gesicht. Trotz unserer Mahnung hat also das Bundesjustizministerium Mitte Mai 1954 den Referenten-Entwurf eines Urheberrechts-Gesetzes zusammen mit Referenten-Entwürfen zu einem Gesetz über Verwertungsgesellschaften auf dem Gebiete des Urheberrechts und über den Beitritt der Bundesrepublik Deutschland zur Berner Übereinkunft in der Brüsseler Neufassung veröffentlicht und tatsächlich die „interessierten Kreise" aufgefordert, bis zum 1. November 1954 ihre Vorschläge zu machen. Schon nach oberflächlicher Durchsicht ist bedauerlicherweise festzustellen, daß die Erwartungen der Urheber und besonders der Musikschöpfer in dem Referenten-Entwurf nicht erfüllt sind, im Gegenteil — und das ist geradezu auffallend — die alten Streitpunkte beibehalten werden. So zum Beispiel die ungerechte Befreiung der „Volksfeste" und Vereine von der Entschädigungspflicht der Urheber, ja sogar neue Befreiungen werden vorgeschlagen, so zum Beispiel die Befreiung von „Betriebsveranstaltungen" von der Musik-Tantieme, obwohl der Unternehmer die Kosten für die Betriebsveranstaltung an der Steuer absetzt, was er nicht könnte, wenn die Veranstaltung nicht dem Betrieb dienen würde, oder sogar der freie häusliche Gebrauch des Magnettongerätes, ohne der Apparate-Industrie eine (stellvertretende) Tantieme-Verpflichtung aufzuerlegen, um nur einige Punkte herauszugreifen.

Die Urheber, besonders aber die deutschen Musikschöpfer, hoffen, daß die Abgeordneten des Bundestages von sich aus erkennen, wie schmählich die Schöpfer von geistigem Eigentum gegenüber den Inhabern von materiellem Eigentum bisher behandelt worden sind, und daß sie auf Grund dieser Einsicht ein die Urheber befriedigendes Gesetz schaffen werden. Vom Bundesjustizministerium erwarten wir, daß das geschieht, was längst hätte geschehen müssen, nämlich daß die maßgeblichen Sprecher der schaffenden Künstler in den Sachverständigen-Ausschuß berufen werden. Dort wollen sie mithelfen, daß dem Bundestag ein Gesetz vorgeschlagen wird, das in kulturpolitischer wie in rechtlicher Beziehung befriedigend ist, ja sogar mustergültig sein kann.

Es handelt sich bei der gesetzlichen Neuregelung des dem schöpferischen Künstler eingeborenen Rechtes um eines der höchsten Rechte, das die Menschen zu achten haben. Das sollten diejenigen beherzigen, die so leicht das Wort „Gemeinwohl" mißbrauchen, wenn es um das Recht der musikschaffenden Künstler geht. Jene Kreise, die hier an dem Recht des von den Künstlern selber und aus eigener Kraft Geschaffenen rütteln, mögen nachdenklich werden. Die Zeit der Ausbeutung schaffender Menschen sollte vorbei sein. Jedenfalls werden die Künstler unserer Tage zu jedem Versuch weiterer Entrechtung und Ausbeutung nicht schweigen!

Das neue Gesetz darf nicht länger auf sich warten lassen. Jeder Tag verlängert die unwürdige Lage der Urheber und jeder Tag bringt die Urheber, besonders die Musikschöpfer, um ihren gerechten Lohn.

Es fällt geradezu auf, daß alles, aber auch wirklich alles, was zum Beispiel im Unterausschuß „Kunst" des 1. Bundestages erarbeitet worden ist, keine Berücksichtigung fand.

Bemerkenswert ist auch, daß die Referenten-Entwürfe zwar durch das Bundesjustizministerium veröffentlicht werden, daß sie aber laut Vorwort des Herrn Bundesjustizministers Neumayer vom 15. 4. 1954 nicht dessen Meinung noch der der Bundesregierung vorgreifen wollen. Wäre es dann nicht empfehlenswerter gewesen, daß die Herren Referenten ihre Gedanken privat zu Papier gebracht hätten?

Es gibt bestimmte Gebiete, auf denen wir Deutsche nicht führend sein können und nicht führend sein möchten. Aber auf dem Gebiet des Urheberschutzes können wir richtungweisend sein, so durch einen entscheidenden Beitrag zu dem in der Entwicklung stehenden Welturheberrecht.(35) Für ein Volk, dessen Künstler die rühmlichsten und unvergänglichsten Werke der Tonkunst geschaffen haben, ist ein umfassender und durchgreifender Urheberschutz geradezu eine Verpflichtung. Sorgen wir daher für ein Urheber-Gesetz und besonders für ein Musikschutz-Gesetz, das uns zur Ehre gereicht hier und in aller Welt.

Nur als Beitrag dazu möchte der Autor seine Ausführungen und seine Kritik verstanden wissen.

---

(35) Vergl. Berner Übereinkunft in der Brüsseler Neufassung vom 26. 6. 1948, der die Bundesrepublik endlich beitreten sollte. Auch die UNESCO-Bestrebungen für ein internationales Urheberrecht können und müssen durch ein vorbildliches deutsches Gesetz entscheidend beeinflußt werden.

Kolibri 360 GmbH
Ferdinand-Jühlke-Straße 7
99095 Erfurt, Deutschland
produktsicherheit@kolibri360.de